# 独裁者トランプへの道

町山智浩

週刊文春連載「言霊USA」2023年[illegible]月[illegible]2024年11月



文藝春秋

もくじ

表紙・本文イラスト　澤井健
装丁・本文デザイン　鶴丈二
DTP　朝日メディアインターナショナル

# 「私、ヴァギナがないの」とんでもないお人形映画『バービー』は革命だ！

2023年8月31日号

「人類の始まりから、女の子たちはお人形遊びをしていました。それはいつだって赤ちゃんの人形でした」

映画『バービー』は、少女たちがエプロンをつけて赤ちゃん人形とおままごとをする姿で始まる。おままごとは母親になるための練習だった。

ところが1959年にアメリカで発売された着せ替え人形バービーは画期的だった。モデル体型で化粧は濃く、着せ替え服はパーティ向けが基本。それまでの社会が女性に押し付けていた「良妻賢母」の正反対だった。

バービーで解放された少女たちは赤ちゃん人形を叩き壊す。それは『2001年宇宙の旅』で人類の祖先が初めて

「武器（こん棒）」を手にして興奮する「人類の夜明け」のパロディだが、このオープニングだけで、この映画、出資元はバービーの発売元マテル社だが、子どもにオモチャを売るための映画じゃないことがわかる。

監督はグレタ・ガーウィグ。脚本・主演作『フランシス・ハ』ではニューヨークの地下鉄のホームでお尻まくって立小便してみせた（女性ですよ）。『ストーリー・オブ・マイライフ　わたしの若草物語』では、『若草物語』の原作者オルコットが非異性愛者だったのに出版社に無理やりヒロインが結婚する展開を強いられたこと自体を盛り込んだ。

映画『バービー』はアメリカでPG13指定（13歳未満には不適切）。なにしろバービー（マーゴット・ロビー）が「私にはヴァギナがないの」と言ってしまう映画だから（日本語の吹き替えはどうなってるの？）。

バービーはバービーランドに住んでいる。ピンクできらきらしたプラスチックのオモチャの国。警官も弁護士も消防士も宇宙飛行士もみんなバービー。これはみんな商品化されている。１９６０年代後半、女性解放運動と雇用機会均等法で女性の社会進出が進み、それに合わせてバービーの職業も拡がった。

「女の子は何にだってなれる！」

日本のリカちゃんは看護婦さんとスチュワーデスさんだったけど、バービーは外科医と飛行機のキャプテンなのだ。

バービーランドの大統領もバービー。彼女はアフリカ系だ。やはり１９６０年代後半の公民権運動を反映して、バービーも黒人、ラティーノ、アジア系が売り出された。

さらにバービーランドにはぽっちゃりバービーや車椅子バービーもいる。１９８７年、トッド・ヘインズ監督がバービー人形を使って、カーペンターズのカレン・カーペンターの伝記映画を作った。カレンは太りすぎを気にして拒食症で死んだ。バービーのようなモデル体型を理想として少女たちに刷り込むことの是否が問われ、マテルはぽっちゃりなど、さまざまな体型のバービーを発売した。バービーランドには背中にビデオゲームを組み込まれたバービーも登場するが、それも実際に発売された（全然売れなかった）。

バービーランドは女性が支配するユートピア。でも、ヒロインのバービーは突然、老いと死の恐怖に襲われる。プラスチックなのに太ももにセルライトが出てしまう！

その原因を求めて、バービーは現実世界に飛び出す。勝手について来ちゃったのはケン。ケンにはバービーのボーイフレンドという以外の何のアイデンティティもないから、バービーなしではいられなかったのだ。ケン役のライアン・ゴズリングは42歳の二児の父だが、腹筋ムキムキで頭空っぽのケンを実に楽しそうに演じている。

ところが現実世界はバービーランドと違って女性はそれほど社会進出していなかった。アメリカでも女の子が何にだってなれるわけじゃない。

ショックを受けるバービーだが、逆にケンは大喜び。

「家父長制、スゲえ！」

ケンはバービーランドに戻って男たちの反乱を起こす。

### ☆「そんなの無理でしょ！」☆

バービーは自分の老いの原因が、マテル社のバービー担当者グロリア（アメリカ・フェレーラ）の不安にあることを知る。グロリアはバービーで育ち、憧れのマテル社に入社したが、現実がバービーランドのようでないことに苦しんできた。

「女性として生きるって不可能なミッションよ」

グロリアのスピーチはこの映画のクライマックスだ。

「いつも完璧であることを求められる。太りすぎても、やせすぎてもいけない。

でも、やせないとデブと言われる。女性は経済的に自立しろと言われる。でも、男性と平等な賃金を求めると卑しいと言われる。リーダーになれと言われるけど、女が威張るなと言われる。母になりなさいと言われるけど、子どものことを職場で話すと嫌がられる。男性の失礼な態度を指摘すると文句の多い女と言われる。いつも綺麗でいろと言われるけど、綺麗すぎちゃいけない。男を誘っていると言われるから」

グロリアは叫び始める。

「いつも若々しく、優しく、目立たず、周りに気をつかい、疲れず、失敗せず、勇敢に……。そんなの無理でしょ！　矛盾してるし。それを頑張っても誰にも褒められないけど、できないと責められる！　もう疲れた。すべての女性は人から好かれるために自分を縛ってるのよ！」

『バービー』はピンク色のきらきらした画面から、女性たちの怒りと悲しみを観客にぶつけてくる。そして『バービー』の最後の選択は実に哲学的。『バービー』を観た少女たちには10年後にしみてくるだろう。

こんな革命的な映画に莫大な予算を出したマテル社ってホントに太っ腹！　ちなみにマテル社の重役は11人中5人が女性です。

# トランプ また起訴 今度は 恐喝罪で！

2023年9月7日号

8月14日ドナルド・トランプ前大統領がジョージア州の検事局に起訴された。またなの？　いくつめ？

これで4件目。合計91の罪で刑事起訴されている。まずは、ポルノ女優に払った口止め料の不正申告、2つ目は、軍事機密を含む公文書を無許可で自宅に持ち帰り、隠していた件、3つ目は、2020年に大統領選で負けた時、支持者を扇動して議会に乱入させ選挙結果の認定を覆そうとした件、そして今回の起訴だ。

今回は、大統領選挙の後、ジョージア州の投票結果を変えようとした罪。本件は他の起訴よりも有罪になって刑を受ける可能性が高いと言われている。

まず証拠が明確だ。

トランプがジョージア州の選挙を管理する州務長官ラフェンスパーガー（共和党）に電話して「（バイデンとの票差）1万1780票を見つけたいだけだ」と言った録音は既に公開されている。これは投票数を操作する犯罪を強要する恐喝にあたる。

そのため、ジョージア州の検察は、RICO法（恐喝・腐敗組織法）を適用した。これは本来、マフィアなどの犯罪組織の犯罪で、直接犯罪行為をしてない幹部やボスを起訴するための州法。今回は、トランプ以外に彼の弁護士だったルディ・ジュリアーニ元ニューヨーク市長など18人が一緒に起訴されている。トランプを起訴したジョージア州の地方検事ファニー・ウィリスは記者会見で「明確な被害者がいます」と言った。

ジョージア州の投票集計員だったルビー・フリーマンさん（当時62歳）と、彼女の娘、アンドレア・モスさん（当時37歳）のことだ。この母娘はトランプから「票を盗んだ犯人」として名指しで攻撃され、命まで脅かされた。

フリーマン母娘はボランティアで票の集計をした。他の州と同じく集計の様子はカメラで全米に中継されていた。その動画の一部がトランプ一派に切り取られてSNSに張り付けられた。

「この母娘はスーツケースから投票用紙を出してるぞ！　偽造されたバイデン票だ！」それは正規の投票用紙が入った箱を開けるという通常の開票作業だった。

「彼女は他の集計者にUSBドライブを配っている！　ニセのデータ入りだ！」フリーマンさんが配って

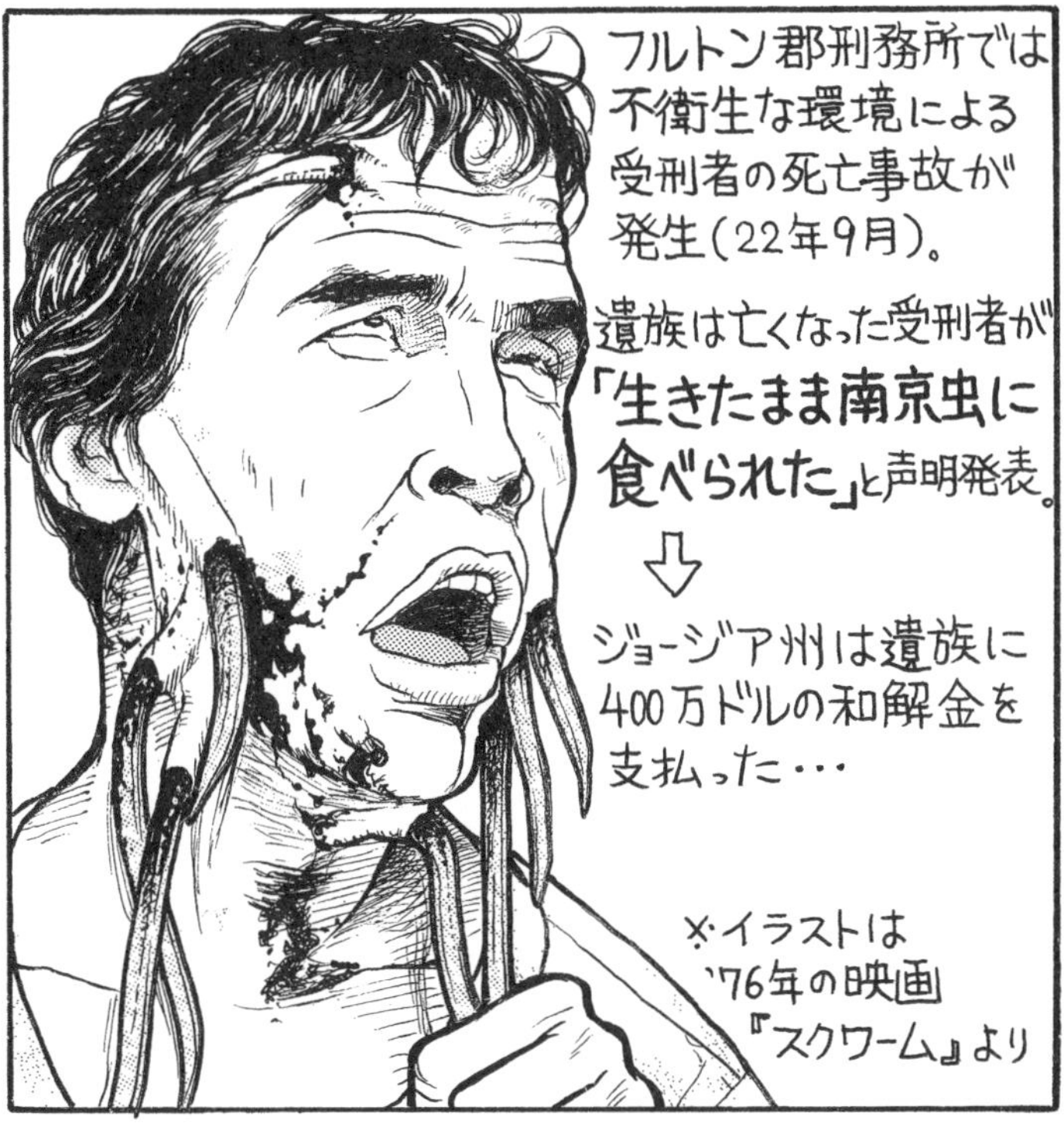
フルトン郡刑務所では
不衛生な環境による
受刑者の死亡事故が
発生(22年9月)。
遺族は亡くなった受刑者が
「生きたまま南京虫に
食べられた」と声明発表。
ジョージア州は遺族に
400万ドルの和解金を
支払った…
※イラストは
'76年の映画
『スクワーム』より

いたのはミント・キャンディだった。

しかし、トランプとジュリアーニ弁護士はフリーマン母娘を公の場で「票泥棒」と呼び続け、2020年12月3日に母娘を選挙妨害で訴えた。

トランプ支持者が集まるSNS「パーラー」には、フリーマン母娘の「処刑」を匂わせる書き込みが増えた。フリーマン母娘の電話番号やメールアドレス、住所もSNSに掲載され、嫌がらせが殺到した。アフリカ系である二人に対する人種差別的罵倒もあった。電話にも出られず、家からも出られなくなった。

「フリーマンさん、あなたがたが心配です」

ある日、家に訪れた一人の黒人がドア

の向こうから言った。彼はトレビアン・クッティ、トランプ支持のラッパー、カニエ・ウェストの広報担当だと名乗った。

「あなたは投票詐欺で逮捕されますよ。罪を軽くしたければ自白しなさい」このクッティもトランプと一緒に脅迫で起訴された。

フリーマン母娘は警察に通報したが、「引っ越せば」と言われるだけ。2021年1月6日、トランプ支持者数千人が連邦議会に乱入するのをテレビで観た母娘は荷物をまとめて家を逃げ出し、知り合いの家を転々としながら隠れ続けた。収入は絶え、同居中の10代の孫も勉強どころではなくなった。

## ☆ フルトン郡刑務所に… ☆

「大統領に狙われる気持ちがわかりますか?」2022年、連邦議会襲撃についての調査委員会でフリーマン母娘は被害を証言した。今年の6月、ジョージア州とFBIは協力して、すべての票と集計所のビデオを調査して、フリーマン母娘にかけられた疑惑はまったくの濡れ衣だと最終報告した。

トランプは有罪になるだろう。裁判が行われるジョージア州フルトン郡は人口の約半数がアフリカ系で、2020年の大統領選でトランプに投票した有権者は少ない。そこから選ばれた陪審員が票を奪おうとしたトランプを許すはずがない。

だからトランプ陣営は今回の件をもっと白人の多い郡の裁判所に移すか、連邦裁判所に訴えようと画策している。連邦裁判で最高裁まで行けば、判事の9人中6人が共和党の大統領が指名者だから、無罪になるかもしれないし、連邦法で有罪になっても、来年の大統領選挙でトランプか他の共和党からの候補が勝って大統領になれば恩赦が可能。

今のところ、今回の起訴は州法違反なので助かる見込みは薄い。ジョージア州のケンプ知事は共和党だが、トランプに電話で票をよこせと脅迫されたので完全に反トランプに。自業自得。

ではトランプが有罪になるとどうなるか？

州法で有罪になっても大統領選には出られるし、大統領にもなれる。トランプの支持率は現在、共和党の大統領候補のなかで最大なので勝つ可能性が高い。しかし、たとえ大統領に就任しても州法で有罪なら刑務所に行かなければならない。フルトン郡刑務所に。

フルトン郡刑務所には、現在定員の2倍以上が収容されている。囚人が多すぎてベッドもなく床で寝ている。清掃も追いつかない上に設備は老朽化して、不潔極まりなく、南京虫（トコジラミ）などからの感染症で囚人が死亡する事態も起こっている。囚人も職員も改修を求めているが、収監者があふれて、それもできない。

そこに子どもの頃から大金持ちで甘やかされて育ったトランプ77歳が耐えられるのか。しかも場合によっては、この刑務所がホワイトハウスになるかもしれない。わくわく。

# 不在のトランプにびくびくしながら行われた共和党の大統領候補者討論会

2023年9月14日号

2024年の大統領選挙に向けて、共和党から出馬を表明している候補者の最初の討論会が、8月23日に行われた。

ステージに並んだのは8人。しかしトップランナーはそこにいなかった。共和党内で50％を超える最大の支持者を集めるドナルド・トランプ前大統領は「私のことはもうみんな知ってるだろ」と討論会を欠席したのだ。

支持率で2番手につけているのはフロリダ州知事のロン・デサンティス。だが、それでも支持率はわずか16％。その他の候補者はドングリの背比べ。

討論会はこれから何度も行われ、その後の世論調査で予備選に向けて人気のない順に辞退していく「勝ち抜き戦」。通常、一番人気の候補を標的にして自分をアピールするものだが、共和党ではトランプ人気がダントツなので、トランプを批判すると支持率が下がってしまう。

でも、下手にトランプを褒めると本選で勝てなくなる。アメリカ全体ではトランプの支持率はそう高くはないから。なにしろジョージア州の選挙管理委員会に対する恐喝罪をはじめ4度刑事起訴されている前大統領なのだ。

トランプの副大統領だったペンスも出馬しており、討論会の司会者は「選挙でトランプの敗北を認定したペンスは間違ってないと思いますか?」と質問。さすがにほとんどがYESと回答。そりゃペンスは憲法に従っただけだから。でも、それで彼は議会に乱入したトランプ支持者にリンチされそうになった。

トランプのジョージア州の州務長官に対する恐喝は電話の音声がしっかり残っているので有罪確実と言われている。「もしトランプが有罪になって、それでも共和党の大統領候補になったら、彼に投票しますか?」と司会者が質問した。

「はい!」と真っ先に手を上げたのは、「トランプは21世紀で最高の大統領だ」と公言するヴィヴェク・ラマスワミーだけ。でも、他の候補も会場(みんな共和党員)を見まわしてから、おずおずと手を上げた。「トランプはアメリカ一嫌われた大統領」とまで言っていたニッキー・ヘイリー元国連大使と、ありゃ、なんと殺されそうになったペンスまで! いったん上げた手を下ろしたクリス・クリスティ前ニュージャージー州知事には会場からブーイングが浴びせられた。これじゃ、トランプが勝つんだろうなあ。

そこにいないトランプにびくびくしながらの討論会で、候補者たちは38歳で政治的経験ゼロの実業家ラマスワミーをスケープゴートにした。

ラマスワミーの両親はインド移民。オハイオ州に生まれ、ハーヴァード大学で生物学を学び、イエール大学の法科大学院を出た優等生。イエール在学中からヘッジファンド投資家として働き、数百万ドルを稼いでいたラマスワミーは、2014年にバイオテクノロジー会社を設立し、2023年の資産は、ビジネス誌フォーブスの推定によると6億3000万ドル。

ラマスワミーの名前を世間が知ったのは『Woke, Inc』を出版した2021年。多様性やエコロジーに〝Wokeした（目覚めた）〟企業の偽善を暴くノンフィクションで、Black Lives Matter（黒人の命も大事）運動を支援しながら、アジアの労働者を搾取してスニーカーを作っているナイキや、フロリダでデサンティス州知事の「ゲイと呼ばないで法」に反対しながら、ゲイを抑圧する中国でビジネスするディズニーなどをネチネチと批判し、右翼のスターになった。

討論会でトランプ主義者のラマスワミーは「何もかも大統領の責任ではない」と言って、前副大統領のペンスから説教された。

「ヴィヴェク君。君は知らないだろうが、私はずっとホワイトハウスで働いていたんだがね、大統領は国が直面するあらゆる問題に責任があるんだよ」

## ☆ どっちも大富豪 ☆

次にラマスワミーが「ウクライナをロシアから守るのをやめよう」と言うと、元国連大使のニッキー・ヘイリーが「あなたは親米国家より殺人者を選ぶんですか。あなたは外交政策について何も知らないんですね」と鼻で笑った。

ラマスワミーが「僕のことをテレビで観ている人は、『あのやせっぽちのヘンテコな名前の男は誰なんだ？』と思ってるでしょうね」と言うとクリス・クリスティが噛みついた。

「それはオバマ元大統領が演説で言ったことのパクリだ！　こんな、ChatGPTみたいな発言ばかりの男の話はもうたくさんだ！」

ChatGPTは、ネット上のデータを集めて作文をデッチ上げるAIサービス。

そしてラマスワミーが「気候変動はデマです」と言うと、会場からもブーイング。かつて共和党は党を挙げて気候変動を否定していたが、さすがに夏になると40度以上の猛暑で人が死に、冬には常夏のフロリダやテキサスに雪が降って凍死者まで出る今では嫌でも認めざるを得なくなったか。

サンドバッグになったラマスワミーだが、討論会後の世論調査では支持率がぐんと上昇。思えばトランプも2015年に共和党の予備選に初めて登場した時はラマスワミーみたいに共和党の候補者たちから「政治家じゃないだろ」と袋叩きにされたが、得意の毒舌で片っ端から返り討ちにして指名を勝ち取った。どっちも大富豪だし。

さて、そのトランプは翌日、ジョージア州の拘置所に出頭して逮捕され、20万ドル払って保釈された。拘置所では歴代の大統領で初めてマグショットを撮られた。前科10犯のヤクザみたいな目つきでカメラをにらんでいる。受刑者番号はP01135809。

追記：ヴィヴェク・ラマスワミーは第2次トランプ政権の「政府効率化委員」に指名された。

# トランスジェンダーとのコラボでボイコットに遭ったバドワイザー

2023年9月21日号

ロサンジェルスから車で2時間ほど東に走った国有林の中にある貯水池レイク・アローヘッドは静かなリゾート地だが、そこで8月18日、銃撃戦があった。

警察との撃ち合いで死亡したのはトラヴィス・イケグチ（27歳）。近くの衣料品店のオーナー、ローラ・アン・カールトンさん（66歳）を射殺した後だった。

警察の発表によると、まずイケグチはカールトンさんの衣料品店のレインボー・フラッグを引き裂いた。レインボー・フラッグ（虹の旗）は、ＬＧＢＴの権利を求めるシンボル。カールトンさんは同性愛者ではなく男性と結婚した9人の子どもの母だが、ＬＧＢＴ差別に反対して、店の前にレインボー・フラッグを掲げていた。イケグチはSNSにレインボー・フラッグが燃える写真などを投稿しており、カールトンさんに同性愛者に対する差別的な言葉をぶつけて、彼女を拳銃で撃ち殺した。

現在、アメリカではLGBTに対する憎しみが高まっている。ビールブランドのアメリカ最大手バドワイザーは、以前から6月のLGBTの祭典プライド・パレードに出資し、レインボーカラーのボトルを発売していたが、今年はすさまじいボイコットを受けている。

それは4月1日に始まった。トランスジェンダー女性で、1000万人以上のフォロワーを持つインフルエンサー、ディラン・マルバニーさん（26歳）がSNSに「バドワイザーが私の顔をデザインしたバドライトの缶を作ってくれたのよ」と喜ぶ動画を投稿したのだ。

マルバニーさんの顔入りバドライトは商品化するわけではなく、彼女のためのわずか数本の限定品だけど、これでLGBT嫌いの人たちの間でバドライト不買運動が燃え上がった。さらにその後、元ラッパーのカントリー歌手キッド・ロック（52歳）がSNSで油を注いだ。

キッド・ロックは投稿した動画で、河原にバドライトの缶が詰まった箱を並べてマシンガンでバリバリと撃ちまくる。木っ端みじんに砕け散るバドライト。キッド・ロックはカメラに向かって中指を立ててこう言い捨てる。

「くたばれバドライト！」

キッド・ロックのホモフォビック的言動はこれが初めてじゃない。ラッパー時代には「オレはオカマじゃねえ。ケツではハメねえからな」とか無茶苦茶言っていた。

　キッド・ロックの動画をきっかけにネットでバドライト不買運動が広がった。工場には爆破予告の電話もあった。

　その背景には「グルーミング陰謀論」がある。グルーミングといえば日本ではペットの毛の手入れのことだと思うだろうが、アメリカでは幼い少年少女を性的に「愛でる」ジャニー喜多川的行為を指す。そして「ＬＧＢＴの権利拡大は彼らがグルーミングしやすくするためだ」という陰謀論が渦巻いているのだ。

ちなみにグルーミング陰謀論者はトランプ支持者とダブっている。というのも2016年の大統領選挙中、「民主党は幼児を誘拐して小児性愛者に売買している」というデマが飛び、「トランプはそれと戦っている」と信じる人々が増えたからだ。キッド・ロックも熱心なトランプ支持者で、バドライトを銃撃する時にかぶっていた野球帽には『アメリカを再びグレートに』というトランプのスローガンが刺繍されていた。

「グルーミングを防ぐ」という大義名分で、全米各州の共和党議員は数百の反LGBTの州法案を提出した。そのうち、州議会の多数派を共和党が占める南部州ではいくつもの法案が通過した。たとえばフロリダ州のいわゆる「ゲイと呼ばないで法」は教育の場でのLGBT教育を禁止する州法。「反WOKE法」は企業でのLGBTやマイノリティに対する理解の研修を禁じる州法。テキサス州の高校や大学でも公平性や多様性を進めることが違法になった。ケンタッキー州では、公立学校のすべての学年で、同性愛や性同一性について話すことを禁じた。それも、教師だけでなく生徒にまで。

## ☆反LGBTのうねり…☆

さて、バドライトはボイコットで売り上げが落ちて「全米一売れてるビール」の座から転落。バドワイザーはもうLGBTを応援することはないだろうと言われる。

バドワイザーだけじゃない。大手スーパーマーケット・チェーン「ターゲット」もターゲットになった。

衣料品コーナーでLGBT支援のメッセージをプリントしたTシャツなどを売っていたのだが、あちこちの店舗や店員に嫌がらせや脅迫が相次いだので、LGBT支援の商品を引っ込めた。

キッド・ロックの動画に銃撃犯のイケグチが影響されたかどうかわからない。だが、イケグチはSNSに、LGBTについて「タコの足を切り落としても、また新たな足が生えてくる。頭を殺さなきゃ!」と投稿していた。ちなみに「タコの頭を潰せ」は、第2次世界大戦中、太平洋に勢力を広げた日本の本土への戦略爆撃を主張するプロパガンダのスローガン。イケグチは日系人なのだが。

そんなLGBTへの暴力的な投稿が最近のツイッター(現X)では野放しになっている。というのもツイッターを買収したイーロン・マスク自身がレインボー・フラッグが燃える写真の投稿に「いいね!」してるような人間だから。

この反LGBTのうねりを受けて、カナダ政府は、アメリカへの旅行を計画しているLGBTのカナダ国民に対して「アメリカの一部の州には反LGBT法があり、差別や嫌がらせに直面する可能性がある」と警告した。アメリカもイスラム教国みたいになってきたな。

ちなみにキッド・ロックは7月17日、こっそりバドライトを飲んでるところを隠し撮りされた。そんなに好きなのに自分の顔を缶に入れてくれないから嫉妬したのかな?

# 異常気象による大雨で多くの参加者が立ち往生した今年のバーニングマン

2023年9月28日号

バーニングマンは西部の荒野で9日間キャンプするフェスティバル。パーティや様々なアートを楽しんだ後で、フィナーレでは古代ケルトの儀式みたいに木製の巨人を燃やす。

1986年にサンフランシスコで始まった時のバーナー（バーニングマンの参加者）はわずか35人だったが、90年にネバダ州リノ市から車で2時間以上離れた2600平方キロのブラック・ロック砂漠に移り、毎年、夏の終わりには世界中から7万人以上が集まる巨大イベントになった。

ただ、他のイベントと違ってバーニングマンは商業行為を禁じている。砂漠のど真ん中なので水道もガスもスーパーもレストランもホテルもないうえに、会場内では金銭のやり取りが禁じられている。バーナーたちはテントや食料や水を持参し、持っている人が持ってない人に与える「ギフト経済」が行われる。昔のヒッピー・コミューンと同じく、大自然のなかでの自給自足を目指している。

だから、約18平方キロもある会場内での移動には石油を消費してCO2を出す自動車ではなく自転車が推奨される。バーナーはゴミを自分で回収して持ち帰り、会場は会期が終わると再び何もない砂漠に戻る。「形跡を残すな」がバーニングマンの合言葉だ。

そんなユートピアが大自然に襲われた。9月1日の夜、ネバダの砂漠に数十年に一度の大雨が降った。ラスベガスの道路も冠水した。その雨はハリケーンがもたらした。普通、ネバダにハリケーンは来ない。これは地球温暖化による異常気象だ。ブラック・ロック砂漠の砂の中で何年も雨を待って休眠していたカブトエビ（額に第三の目がある原始的な生物）も目覚めた。

バーニングマン会場は水の逃げ場のないプラヤ（粘土平野）なので、乾燥してコチコチだった粘土がドロドロに液状化し、舗装道まで8キロの道のりは自動車では進めなかった。バキュームカーも動けず、簡易トイレのタンクはあふれた。

泥の海で立ち往生するバーナーたちの姿はSNSで揶揄された。それほどバーニングマンは世間から嫌われていた。なぜ？

まず金がかかりすぎる。

決して商業的イベントではないということで、主催者のバーニングマン・プロジェクトは非営利団体だが、575ドルもする入場料の7万人分の売り上げは4000万ドルを超える。

入場料575ドルにネバダ州独特の娯楽税9％、51・75ドルが上乗せされる。そもそもチケットは希少なので、多くの人が転売で1000ドル以上出して買う。

さらに近くの空港までの往復便と空港からのレンタカーか何かが必要。飛行機代もレンタカー代もシーズン中は超割高。会場での駐車は別料金。それプラス、テントや寝袋などのキャンプ用品、9日分の食料その他。合計金額は住んでいる場所によって変わるが1人5000ドル以上かかるといわれる。

だから、参加者は金持ちばかりになってきた。イーロン・マスクやマーク・ザッカーバーグをはじめ、IT成金やハリウッド・セレブが自家用ジェットで飛んできて、1日1万ドル以上の高級キャンピングカーをレンタルして、運転手とシェフを連れてやって来る。パリス・ヒルトンも来た。バーニングマンの目的である反資本主義やエコロジーから縁遠い連中ばかり。パリス・ヒルトンやイーロン・マスクが自分でゴミを拾う姿が想像できるだろうか？

## ☆ バーニングマンはまだ終わっていない ☆

7万人のバーナーは数万台の自動車で砂漠にやって来る。2019年には9日間で5万4200トンのCO2が排出されたといわれる。しかも、会場の周辺は先住民の土地なのだ。

だから今年は環境保護団体がバーニングマンの開催に反対して会場周辺で抗議活動をしていた。彼らの代わりに、母なる自然は大雨でバーナーたちを懲らしめたのかもしれない。

泥沼にはコメディアンのクリス・ロックも閉じ込められていた。彼はＤＪのディプロと共に8キロの泥道を歩いて舗装道にたどりつき、トラックをヒッチハイクして荷台に乗せてもらって、その姿がインスタに投稿された。しかしクリス・ロックがバーニングマンに参加するとはね。

ロックは高級トレーニング・ウェア・メーカー、ルルレモンをさんざんジョークにしていた。

『ルルレモンはすべての差別に反対します』だってさ！　それでヨガパンツ1枚100ドルで売ってるんだぜ！　それって貧乏人差別だろ！　20ドルの差別的パンツのほうがマシだよ！」

でも、バーニングマンもルルレモンも金持ちの偽善という意味では似たようなもんだよ。

実は、これを書いている時点で、まだバーニングマンは終わっていない。後片付けがあるのだ。

毎年、フェスティバル終了後にボランティアが掃除をする。「形跡を残すな」といくら言われても、バーナーたちは大量のゴミを捨てていく。それをMOOP（モープ）と呼ぶ。Matter Out Of Place（もともと、そこに無かったもの）の略。イベントが始まる前のまっさらの状態に戻すため、ボランティアは3週間もかけて、衣装についていたスパンコールの欠片まで丁寧に拾うのだ。

ところが今年は最悪の結果になった。泥沼には地面に敷いていたカーペットやテントなどが放置されていた。自動車を乗り捨てていった者までいる。しかも乾いた粘土は岩のようにコチコチに固まる。大量の靴や自転車が固まった地面に埋まっている。3週間では片付きそうにない。

# 科学文明を拒否し17世紀の生活様式を続ける「アーミッシュ・カントリー」に行ってきた

2023年10月5日号

オハイオ州ジョン・グレン・コロンバス国際空港から車で2時間くらい走って山の中に入っていく。深い森を抜けると、「アメリカのスイス」と呼ばれる美しい緑の丘が広がる。丘を行くのは黒い馬車。乗っているのはアーミッシュ。科学文明を拒否して17世紀の生き方を今も守り続けるキリスト教徒だ。

アーミッシュを生んだのは1440年ごろにドイツのグーテンベルクが発明した活版印刷だ。それまで、本というものは手書き写本か木版印刷しかなく、高価で希少だったうえにラテン語で書かれていた。だから聖書を所有し、読めるのはローマン・カトリック教会の神父だけだった。しかし、聖書がドイツ語に翻訳され、活版印刷で大量生産されると、ドイツ語圏で宗教改革が始まった。人々は自分で聖書を読み、聖書にはバチカンの権威も、彼らが売っている免罪符（買うと天国に行けるとされた）も書かれていないと知った。「聖書そのものに立ち返ろう！」そう叫んでカトリック教会に反抗した人々はプロテスタントと呼ばれた。

オランダのプロテスタントとしてメノナイトというグループが生まれた。彼らは神以外の一切の権威を認めなかったので、カトリック教会と国家権力（この二つは癒着していた）から徹底的に弾圧された。メノナイトからはさらに先鋭的なグループ、アーミッシュが生まれたが、彼らはいくら拷問され、虐殺されても抵抗しなかった。聖書の教えに従って暴力を否定しているから。

このままではフランスのプロテスタントのように追いやられてしまう……。ところが１７７６年にアメリカが独立した。憲法で政治と宗教の分離を唱えたアメリカは、あらゆる宗教の人々を移民として迎えた。メノナイトとアーミッシュはアメリカに渡った。いわば宗教難民だ。

かくしてアメリカには現在38万人のアーミッシュがいて、そのうち8万人がオハイオ州に住む。特にベルリン村周辺はアーミッシュ・カントリーと呼ばれ、人口のほとんどをアーミッシュとメノナイトが占める。基本的にスイス系なのでアメリカのスイスと呼ばれているわけだ。

スイスと同様に名産品はチーズ。スイスでしゃべっていた17世紀頃のドイツ語をアーミッシュ同士では話す。自分たち以外の人々をイングリッシュと呼んでいる。「英語を話す人」という意味で、アジア人の

自分も彼らからするとイングリッシュになる。アーミッシュはアジアには興味がない。

アーミッシュは14歳までは学校に通うが、習うのは母語と算数だけで、理科も社会も学ばない。世界にどんな国があるか知らない。本は聖書以外、農業の本しか読まない。ラジオは聴かない、テレビは観ない。余計な知識で人は高慢になり神への敬意を忘れるから。

大学に行かないから医者はいない。病気や怪我は神の決めた運命だから、できるだけ逆らわない。保険にも入らない。避雷針もない。雷は神の裁きだから。

アーミッシュは厳しいオルドゥヌングOrdnung（ドイツ語で秩序）に従ってい

る。服装はみんな同じ。男は普段は麦わら帽子、襟付きの木綿のシャツ、柄物は禁止。ズボンは前にファスナーがない独特のもの。女性は長袖、裾は足首まで隠すワンピース。頭には白いボンネットをかぶる。アクセサリーは禁止。結婚指輪もしない。だが、既婚の男性はもみあげとあごひげを伸ばさないとならない。ただし、鼻の下のひげは剃る。口ひげは威厳、高慢さの象徴だから。

家には鏡がない。自分の見かけを気にするのも高慢さだ。写真も撮らない。家には家族写真や子どもの写真もない。もちろん化粧は禁じられている。子どもが遊ぶ人形には顔がない。おしゃれな着せ替え人形などもってのほかだ。

## ☆ 300年前の生き方を続ける人々 ☆

このオハイオのアーミッシュ・カントリーを歩いていて気付くのは、まず、電柱がない。電柱があってもそれぞれの家に電線がつながってない。アーミッシュ家庭は電気の供給を受けないから。ガスも水道も使わない。水は井戸で地下水をくみ上げ、し尿は農業に使う。電話はない。

アーミッシュ・カントリーにないものはもうひとつ、教会だ。教会の建物がないのだ。アーミッシュはキリストと同じく、信者の集まりこそを「教会」とする。具体的には、隔週の日曜日に各自の家が持ち回りで教会になる。みんなが並んで座るベンチだけは必要なのでトレイラーで馬に曳かせて運ぶ。牧師はくじ引きで決まる。牧師は礼拝を司会するだけで、何の特権も報酬もない。カトリックのように教会や神父が権力になってはいけないから。

自分がアーミッシュの存在を初めて知ったのは1985年のハリウッド映画『刑事ジョン・ブック／目撃者』だった。アーミッシュの少年が目撃した殺人事件を捜査する刑事ジョン・ブック（ハリソン・フォード）は、犯人たちに追われてアーミッシュの村で暮らすことになる。そこで、未亡人レイチェル（ケリー・マクギリス）と恋に落ち……。現代のアメリカに300年前の生き方を続ける人々がいるという事実は衝撃だった。

しかし、その『目撃者』も、もう38年も前の映画だ。いったい現在のアーミッシュはどうなっているのか。それが知りたくて自分は、BS朝日の番組『町山智浩のアメリカの今を知るTV』の取材で、オハイオ州のアーミッシュ・カントリーにやって来た。来て驚いた。

緑の丘を自転車で上り下りするアーミッシュの人々は、ほとんど全員が電動自転車に乗っている。アーミッシュの家の屋根にはソーラー・パネル。オルドゥヌングは変わったのか……。（以下次号）

# 電動自転車、携帯電話、ソーラー・パネル、変わりゆくアーミッシュ

2023年10月12日号

300年前の生活を守り、電気や自動車を拒絶してアメリカ中西部に暮らすスイス系移民、アーミッシュの村に取材した話の続き。アーミッシュを世界に紹介した映画『刑事ジョン・ブック／目撃者』から38年経って、アーミッシュは少しずつ変化していた。

オハイオ州の「アーミッシュ・カントリー」に入ると、緑の丘が広がっている。その道路を黒い馬車（バギー）が通っている。運転しているのは長いあごひげを伸ばした男性と、頭に白いボンネットをかぶった女性。アーミッシュだ。

自転車も多い。だが、よく見ると、みんな電動自転車だ。電気はご法度じゃなかったの？

「このへんは坂が多いから、電動自転車はOKということになったんだ」

そう語ってくれたのは、アーミッシュ馬車の製作所「ヒルサイド・バギー」の経営者アトリーさん。製作中の最新式の馬車を見せてもらった。ヘッドランプはLED。だからバッテリーも搭載している。御者席にはUSBポートもついてる！　アーミッシュもスマホ使うの？

「スマホ機能のない携帯電話はかなり使ってるね」

馬車のフレームは鋼鉄製で、溶接のためにアトリーさんは電気を使っている。もちろんアーミッシュなので電線から電気の供給を受けずに、発電機で作った電気を。自家発電は許されるらしい。

次にアーミッシュの家具職人アルバートさんの工場へ。アーミッシュが釘を一本も使わないで作る家具は昔から人気だ。アーミッシュの職人がノコギリやノミでトンテンカンと手作りする素朴な工場を想像していたが、行ってみると違った。

コンピュータでコントロールする最新機材がそろっていた。完成した家具もシンプルだがモダンでシャープ。センスあふれる芸術品だった。

「一つ一つオーダーメイドで、テーブル1つ1万ドルくらいだよ」

注文主は大富豪や大企業の経営者だという。アルバートさんの家具のカタログにはどこにも「アーミッシュ」と書いてない。アーミッシュであることを売り物にしないで、家具のクオリティだけでビジネスとして成功している。

アーミッシュのヨーダー夫妻の御宅にお邪魔した。家だけで少なくとも50坪。その周りに広々とした庭と牧場がある。ヨーダー家のお母さん、ナオミさんが新しい家を案内しながら言う。

「子どもたちが独立する前はもっと大きな家に住んでたのよ」

アーミッシュの家族は子沢山で、10人くらいが巨大な家に暮らしている。今は老夫婦と末っ子の3人暮らしだからダウンサイズした家を建てたそうだ。夫のレイさんは大工さんで、シンプルだがモダンな最新鋭のデザインにした。家電もそろっている（テレビ以外）。電気はソーラー・パネル。

「何が禁止で何が許されるのかは、それぞれの『教会』で決めます」

アーミッシュはローマン・カトリックの権威を否定したので、建物としての教会はない。アーミッシュの教会は信者のグループを意味する。25家族前後でひとつの「教会」を形成し、それが分裂していく。規律は「教会」での協議で決める。だから「教会」ごとに馬車や家電についてのルールがまちまちだ。

「ラムシュプリンガはしましたか？」

ヨーダー夫妻に聞いてみた。ラムシュプリンガとは、アーミッシュの男女が「教会」の一員として洗礼を受ける前に、イングリッシュ（英語を話すアーミッシュでない人々）の生活を体験すること。その期間は、酒や自動車などタブーとされていることが許される。

「ああ、自動車で遊んだよ」

ヨーダー夫妻は遠い目をして微笑んだ。でも、二人はイングリッシュの生活を経験したうえで、あえて

『アーミッシュ in NY』(2012〜14年)
NYに連れて来られてどんどん変貌していくアーミッシュの若者の姿を追うリアリティショー
いろんな経験をしたい…
ずっとモデルになりたかったの♡
ケイト
レベッカ

タトゥー入れちゃった!


ジェレマイア

アーミッシュの人生を選んだ。

## ☆「僕は誇りに思ってる」☆

「アーミッシュを選ばなかった人はShun(シャン)されるんですか?」

Shunとはコミュニティから排除されること。かつてアーミッシュから離れた者は家族に二度と会えなくなったという。

「もう、それはないね」レイさんは言う。「うちの娘は結婚してアーミッシュを離れたけど、週に一回は会ってる。今日ももうすぐ来るよ」

そう言ってるところに娘さん一家が訪れた。アーミッシュには禁じられた自動車に乗って。彼女は赤ちゃんを抱いていた。骨形成不全症の子を養子にしたという。ヨーダー夫妻はその赤ちゃんをだっこしながら、本当に幸福そうだった。

別のアーミッシュ家族、ミラーさんの家にもお邪魔した。酪農家で、50頭の乳牛を飼っている。乳しぼりを手伝わせてもらったが、電動の搾乳機を使うので楽だった。

「うちの乳はオーガニックで高く売れるから、家族だけで経営できてる」父親のロイドさんが言う。ちなみにビジネスのためにパソコンは使う。

「イングリッシュは牛を200頭に増やして人を雇って規模を大きくすればもっと儲かるというけど、それに何の意味があるんだ?」

今は20歳の娘ジュディさんが父を手伝って農場を切り回しているが、この秋に嫁に行ってしまうので、今後はソーラー・パネルのセールスマンとして働いている末っ子のジャイフス君が姉に代わって家で働くことになるという。

アーミッシュの村を出たいとか思ったことは? と尋ねるとジャイフス君は笑うだけで答えない。ロイド父さんが見てる前では話しにくいか?

その代わりジャイフス君は自作の歌をギターの弾き語りで聴かせてくれた。

「毎朝4時に起きて乳しぼり。それが父さんの生き方。僕は誇りに思ってる」

ロイドさんは黙って歌を聴いていた。ジャイフス君は恋人募集中らしいので日本の人、どうですか? イケメンですよ。

# 米国の上院議員の平均年齢は65歳でバイデン大統領も81歳という超高齢

2023年10月19日号

自分ももう61歳だから、大学の同級生に会うとみんな定年過ぎで、仕事の第一線からは外れてるわけですよ。機能が格段に落ちてるからしょうがない。でも、企業の経営者や政治家になると60歳以上が基本で、「40、50は鼻たれ小僧」とか言われちゃう。日本の閣僚の平均年齢は63歳以上ですから。

年寄りがリーダーシップを取ることを長老制という。村社会では長老が、長屖ではご隠居が尊敬を集め、大事な決定を行う。武家社会でも将軍や藩主を支えて政治を仕切る者を老中とか家老と呼んだ。古代ローマにも元老院があった。人生の経験を積み、知識の豊富な年寄りが助言を行う。この元老院Senatusがアメリカの上院Senateの語源になった。

　現在、上院議員の平均年齢は65歳。最近まで、最高齢は民主党のダイアン・ファインスタインだった（先月末、90歳で死去）。１９７８年にサンフランシスコで史上初の女性市長になった後、１９９２年に上院に当選し、31年間、数々の法案を成立させてきた。だが、今年、帯状疱疹で入院して議会を長期欠席した。上院は民主党と共和党で議席が拮抗しているので、彼女が投票に参加しないことで、いくつもの法案が通らなかった。

　7月にひさびさに予算委員会に出席したファインスタイン議員は、採決の際、声明文を朗読し始めた。隣の議員に「この場は、ただ賛成か反対か言うだけですよ」と3回も耳打ちされてやっと「賛成です」と答えた。その混乱した姿はテレビでも放送。議会の後、記者の一人が「長い間欠席されてましたね」と言っても「してません」と、休んでいたこと自体覚えていなかった。帯状疱疹の合併症で脳炎を発症したといわれているファインスタインは今期限りでの引退を表明していた。

　彼女のライバルは共和党のミッチ・マコネル上院総務（81歳）。１９８５年から38年間も在職する彼も今年は何度も転んで体調を崩し、休みも多かった。記者会見で「来年の選挙に出馬しますか？」と質問され、その場で30秒間凍り付いたように動けなくなり、スタッフが彼を守って退場させた。

　そして、ジョー・バイデン大統領。彼は今年81歳で史上最高齢の大統領だ。このままだと来年の大統領選挙はバイデンと来年78歳のドナルド・トランプとのリターンマッチという、まるでフレッシュさのない

事態になる。

確かに年寄りには経験も知恵もある。でも、確実に脳の働きは衰えている。自分も資料を読みこんで理解する力が本当に衰えたし、だいいち老眼で字が読めない。原稿を書く集中力も落ちた。知識はあっても、それがとっさに出てこない。特に人の名前。「あれ、誰だっけ？　あれあれ」顔は頭に浮かぶんだけど名前がどうしても思い出せない。フレッシュなアイデアも出てこない。出てくるのはしょうもないオヤジ・ギャグだけだ。

そればかりか頭がどんどん固くなり、最近の文化やテクノロジーの進化についていけない。年寄りが助言するのはいいけど、リーダーでいてもいいのか？　世界一の大国の。

アメリカの政治家は年寄りだからという理由で選ばれているわけではない。長い間、築いてきた政治的基盤の力だ。2022年の中間選挙ではなんと、現職上院議員で落選したのはたった一人だった。これは民主党、共和党の問題ではなく、「現職の強み」でしかない。

だからバイデンは引退できない。党内の予備選でバイデンに挑戦の名乗りを上げる者も出てこない。かつて現職に立ち向かった例はあるが、全員敗退し、いたずらに党を分裂させ、本選での敗北につながった。

そうして現職が基盤を守り続けるうちに権力は少数の高齢者に集中していき、頑迷で変化を拒否する体制になっていく。イスラムやカトリックなど宗教のリーダーはたいてい長老だ。旧ソ連でも末期は支配層が高齢の老人ばかりになって衰退した。

## ☆ 連想する言葉は？ ☆

でも、アメリカ映画のヒーローはいつだって、長老が守ろうとする旧体制を打ち破っていく若い世代だった。J・F・ケネディが大統領になった時、43歳。ビル・クリントンは46歳、バラク・オバマは47歳で、アメリカだけでなく世界に希望を示した。

バイデンは80歳としては元気だけど、最近は大統領専用機のタラップでつまずいたり、失言も多くなっている。2期目に再選されたとしても、その後4年間務めあげることができるかどうか。8月のAP通信の世論調査では国民の約8割がバイデンは大統領には高齢すぎると答えている。民主党支持者でも約7割がそう考えている。

その調査では「バイデンについて連想する言葉は?」という質問で「年寄り」「老人」「認知症」「遅い」「失言」などが上位を占めている。これはトランプが2020年の選挙からずっとバイデンを「スリーピー(眠たい)ジョー」「認知症」と罵り続けていたことも影響しているだろう。ちなみにトランプは最近、首都ワシントンで開かれたキリスト教右翼の政治集会で「バイデンは認知症だ。彼によってアメリカは第2次世界大戦に引きずり込まれるかもしれない」と演説した。おじいちゃん、第2次大戦はもう終わったでしょ、あなたが生まれた前の年に!

トランプはバイデンと4つしか違わないが、そのAP通信の世論調査によれば、なぜか人々はトランプの年齢をあまり気にしていない。だが、「トランプについて連想する言葉は?」という質問への答えがすごい。Corrupt(腐敗した)、Criminal(犯罪者)、Crooked(ひねくれた)、Traitor(売国奴)、Con Artist(詐欺師)、Bully(弱い者いじめ)、Mean(意地悪)、Liar(嘘つき)、Jerk(クソ野郎)……。やっぱ重要なのは年齢よりも人格だよ!

# ラスベガスにオープンした球形劇場「スフィア」でU2のライブを観た

2023年10月26日号

9月29日、ラスベガスに新しくオープンしたアリーナ「スフィア」に行ってきた。

飛行機でラスベガスに近づくと、ザ・ストリップ（目抜き通り）に立ち並ぶ高層ホテルの合間に巨大な球体が見える。スフィア（球体）の高さは112メートル。世界最大の球形建築だ。その球体が地球や月や巨大な眼球になって瞬きする。スフィアはLEDスクリーンになっていて、ラスベガスの強烈な昼の光の下でもくっきりとヴィジュアルを映し出す。

スフィアの内部は最大2万人収容のホールになっている。今夜、こけら落としとしてU2のライブが行われる。

中に入ると床から天井まで球形のスク

リーンが視界のすべてを覆いつくす。スクリーンの大きさは1万5000平方メートル。もちろん世界最大だ。IMAXなんか目じゃない。

しかし、開演前はそのスクリーンがむき出しのコンクリートの壁になっていた。まるで『未来世紀ブラジル』の拷問部屋のようだ（あれは廃炉になった原発の中で撮影）。

あ、中央のステージにU2のメンバーが上がった。ギターの唸りで背後のコンクリートの壁に亀裂が走る（もちろんそんな映像）。壁が十字形に破壊され、そこにボノ、ジ・エッジ、アダムのクロースアップが映し出される。

今回、ドラムのラリーの代わりにオランダ人のブラム・ファン・デン・ベルフが参加。ラリーは寄る年波でひざやひじが痛くてツアーをあきらめたとのこと。1976年、アイルランドのダブリンの中等学校でラリーが結成したバンドが後のU2。それから47年。まあ、ひざにもガタがくるわな。

スフィアで驚いたのはスクリーンの大きさだけじゃない。音がいい！　これくらい大きな会場だと遠くのスピーカーからの音がディレイ（遅延）して届くので音がダブってしまう。ところがスフィアではそれが一切無い。大きなスピーカーではなく、小さなスピーカーを会場全体に16万も設置する方式と、スクリーンが網目状になっていて余計な音を吸収することで、ディレイや反響を減らしているようだ。

「みんなー、どこにいるんだい？」ボノが呼びかけると2万人の観客は「ラスベガース！」と答えた。すると天蓋からラスベガスが降りてきた！

正確に言うと、ラスベガスのホテルのネオンやカジノやルーレットやダイスなどの映像と、エルヴィス・プレスリーやプレスリーのコスプレしたニコラス・ケイジやシナトラやビヨンセや、ラスベガスっぽいゴージャスなハリウッド映画の断片を集めて神殿のようにコラージュした巨大曼荼羅としか言いようのないものが降りてきたのだ。平面ではなく3Dの立体映像。16Kで1秒間60コマの超精密映像なので実物にしか見えない。しかも実際にこの映像の大きさが100メートル以上あるのだ。

中学生の時、テアトル東京のシネラマで『2001年宇宙の旅』のスターゲイトや『未知との遭遇』のマザーシップを見た時以来の衝撃。まるで宇治・平等院鳳凰堂の天蓋！　ミケランジェロのシスティーナ礼拝堂の天井画！　バルセロナのサグラダ・ファミリア！　でも、映し出されているのは天国ではなく、インチキきわまりないラスベガスの風景なのだ。

その時、ボノが歌うのは「Even Better Than The Real Thing」（むしろ本物よりも素晴らしい）。この皮肉！

スクリーンにラスベガスの夜景が映し出される。このスフィアの屋上から撮影した風景なので、壁が突然無くなったように感じる。その夜景も本物じゃなかった。ホテルは次々に解体され、ラスベガスはマフィアがカジノを建てる前の荒野に戻っていく。そして、ジ・エッジのギターから「Where The Streets Have No Name」（約束の地）が始まる。

☆思わぬ臨時収入で…☆

この曲が収録されたアルバム『ヨシュア・トゥリー』（1987年）は、どこまでも緑の草原の国アイルランドで生まれ育ったU2がアメリカの広大な荒野を体験したことで作られ、全世界で2500万枚を売るメガヒットになった。どの収録曲を聴いても、地平線の彼方まで広がる荒野のハイウェイを疾走する気分になる。それを「現場」であるラスベガスで、バーチャルな荒野を見ながら聴くという倒錯。

スフィアではこのスクリーンのための専用カメラ「ビッグスカイ」が開発され、それで世界中の大自然を撮影した映画

『地球からの便り』が公開中。スフィアの可能性は無限だ。すでにＵＦＣがここで総合格闘技のイベントを行うと発表した。エンターテインメントのまったく新しい可能性が広がった感じだ。

スフィアの建造費は23億ドル（約３４００億円）。大阪万博の予算を軽く超える。チケットは平均４００ドルだが、いい席は２０００ドルを超える値がついている。ラスベガスへの往復航空券と1泊のホテル代がかかるのでけっこうな出費だ。でも、その価値はあったよ。

とはいえ、行こうと決意したのは、思わぬ臨時収入があったから。カリフォルニア州ではインフレによる物価高の補助金として、世帯年収に応じて給付金が出た。個人では合計１４００ドル。夫婦で２８００ドル（約42万円）が送られてきた。

日本は給付については資格を絞り、めんどくさい申請手続きやらマイナカードやらを必要とし、事業を業者に委託して中抜きされ、結局わずかな額しか庶民に届かないけどね。

ところで、この夜、Ｕ2は「I Still Haven't Found What I'm Looking For」（終りなき旅）を歌わなかった。このヒット曲のＰＶは36年前にラスベガスで撮影されたのに。やっぱ60歳過ぎて「僕はまだ自分が探しているものを見つけてない」とは歌えなかったのかな？

# 自動車産業の街でイスラエルの軍事支援に反対するパレスチナ系議員

2023年11月2日号

自動車産業の街、ミシガン州デトロイト郊外にディアボーンという街がある。フォード本社と工場があることで有名だが、住民の約半数がアラブ系だ。

1920年代、ヘンリー・フォードが自動車工場を拡大する時、アラブ系移民を積極的に雇用した。アメリカ連邦下院議会初のパレスチナ系女性議員、ラシダ・タリーブ(47歳)の父もフォード自動車の組み立てライン労働者だった。

タリーブ議員の両親はヨルダン川西岸、いわゆるウェストバンクに生まれた。その当時、そこはヨルダン領内だったが、1967年の第3次中東戦争でイスラエルに占領された。パレスチナ人の土地はどんどんイスラエルに奪われていった。

1975年、夫婦はアメリカに移住し、翌年、長女ラシダがディアボーンで生まれた。彼女は自分の下の13人の幼い弟や妹のおむつを替えながら育った。

ラシダが18歳になった日、父は彼女に「投票に必要な有権者登録をしなさい」と言った。イスラエルではパレスチナ人は様々な権利の迫害を受けてきたから。

彼女は法科大学院に進学して弁護士資格を取り、地域の貧困救済センターで働き、政治家を目指した。2018年の選挙で民主党から立候補、ミシガン州の連邦下院議員に当選。議員としての宣誓は、聖書ではなくコーランに手を置いて行った。

彼女の当選は、祖母が住むウェストバンクでも熱烈に祝福された。イスラエルが建てた高い壁に閉じ込められて貧しく暮らすパレスチナ人たちは、ずっとイスラエル寄りだったアメリカ議会でタリーブ議員がパレスチナの声を代弁してくれると期待した。

その期待通り、タリーブ議員は奮闘した。イスラエルへの軍事支援に反対し、イスラエルを「アパルトヘイト国」と呼んで、同じ民主党からも「反ユダヤ主義だ」と批判された。

彼女の宿敵は当時のトランプ大統領だった。トランプはイスラエルのネタニヤフ首相とベッタリで、パレスチナの権利を踏みにじり続け、アメリカ大使館をエルサレムに移転させた。ヨルダン川西岸にあるエルサレムはイスラエルとパレスチナ自治政府の両方が「我が国の首都だ」と主張してきた。この問題に関与することを避けてアメリカ政府は大使館をテルアビブに置いていたが、それをトランプがエルサレムに

移すことでイスラエルの主張を認めたことになった。

タリーブ議員や、ソマリア難民だった女性議員イルハン・オマールに激しく批判されたトランプは、彼女たちに「自分の国に帰れ」と差別的な言葉を投げつけた。

しかし、タリーブ議員の努力もあって、アメリカ人のパレスチナに対する意識は変わっていった。今年、2023年のギャラップ世論調査によると、民主党支持者でパレスチナ人に同情を抱くアメリカ人は、2001年には16％しかいなかったのが49％にまで増えた。また、無党派層においても、2001年にはパレスチナ人への同情は19％だったのが、

2023年には32%に増えた。

ところが、タリーブ議員の努力を無にする悲劇が起こった。10月7日、もうひとつのパレスチナ自治区であるガザ地区を支配する過激派組織ハマスが、イスラエルを攻撃、それに対する報復でイスラエルがガザ地区を爆撃し、双方1000人を超える死者が出た。

タリーブ議員は声明を出した。

「パレスチナ人とイスラエル人の命が失われたことを悲しんでいます。ガザ封鎖を解除し、イスラエルによる占領を終わらせ、アパルトヘイトを解体しなければなりません。我が国がアパルトヘイト政府を支援するために数十億ドルの無条件資金を提供している限り、この悲痛な暴力の連鎖は続くでしょう」

イスラエルはガザの200万人を壁の中に閉じ込めた。6年に及ぶ封鎖でガザの経済は壊滅し、失業率は約40%、住民の多くが国連による食糧配給で暮らしている。水道水の大半が汚染されているが、イスラエルはその供給すらほぼ断った。それは南アフリカでかつて行われていたアパルトヘイトよりもひどい。

## ☆　本当のケダモノは誰なのか　☆

だが、タリーブ議員のこの声明に対して共和党のジャック・バーグマン下院議員はタリーブ議員の問責決議を提出した。

「ホロコースト以来、ユダヤ人にとって最も悲痛な日に、ラシダ・タリーブ下院議員は責任をイスラエルとユダヤ人だけに負わせることを選択した」ユダヤ系であるバーグマン議員は憤る。「イスラエルが自国を守ることと、ハマスが罪のないイスラエル民間人を攻撃することとの間には道徳的同等性はない。以前から反ユダヤ的なタリーブ氏は議会の場に居場所があるべきではない」

バイデン大統領はイスラエルに対する全面支援を宣言し、民主党内部でも孤立しつつあるタリーブ議員は「私はパレスチナ側の民間人殺害も批判しています」と反論した。「それを逆にとらえて批判するのは、イスラム教徒である私に対する偏見です」

イスラエル国防相ヨアフ・ガラントはパレスチナ人をHuman Animals（人の形をしたケダモノ）と呼び、ハマスを「地球上から一掃する」ためにガザに総攻撃をかけると宣言した。国連によるとイスラエル軍はガザの住民に対して24時間以内に南部に避難するよう勧告したという。ガザ北部の人口は100万人。100万人がそんなにもすぐに避難できるのか？

本当のケダモノは誰なのか。

ちなみにラシダ・タリーブ議員の「ラシダ」という名はアラビア語で「正義」を意味する。

# イスラエルをめぐり分裂するアメリカ 6歳のパレスチナ系少年まで殺されて

2023年11月9日号

イリノイ州プレインフィールド・タウンシップは、シカゴから40マイル離れた、緑に囲まれた人口数万人の小さな町。そこに住む少年ワデア君は10月6日に6歳の誕生日を家族と祝った。

その翌10月7日、イスラエルで、パレスチナ人の過激派組織ハマスが奇襲攻撃をかけた。1400人以上のイスラエル人が死亡した。イスラエル側の報復でガザ地区に住むパレスチナ人3500人以上も死亡した。

ワデア君の母ハナーンさん（32歳）は、ガザと同じくパレスチナ人が閉じ込められているヨルダン川西岸で生まれ育ち、10年以上前にアメリカに移住した。

ワデア君たちが住むアパートの大家で

あるジョセフ・ズーバ（71歳）は優しい老人で、ワデア君におもちゃをあげたり、自分のプールで泳がせたり、彼のために小屋まで建ててくれた。

だが、ハマスの奇襲以来、ズーバの態度は変わっていった。

10月14日の土曜日の朝、ワデア君の家のドアをズーバがノックした。ハナーンさんが開けると、ズーバはイスラエルで起こっていることに対する怒りの言葉をぶちまけた。そして、「イスラム教徒は死ね！」と叫んで、刃渡り7インチのナイフで切りつけてきた。

ハナーンさんは必死でトイレに逃げ込んで警察に電話したが、ワデア君が襲われる音が聞こえた。あわててトイレを出た彼女はズーバに繰り返し刺された。警察が駆け付けた時、ズーバは血みどろで家の前に立ち尽くしていた。ハナーンさんは10カ所以上刺されて重傷、ワデア君は26カ所も刺されて、既に死亡していた。

警察はイスラエルの紛争に影響されたヘイトクライムだと発表した。ズーバ容疑者はポーランド系だが、ユダヤ系かどうかは確認されていない。

ワデア君は週明けに埋葬されたが、ハナーンさんは重傷で入院中で、息子に最後のお別れをすることができなかった。

バイデン大統領は日曜夜の声明で、今回の攻撃に「ショックを受けた」と述べた。

「その子の家族は、平和に暮らし、学び、祈れる土地を求めて、パレスチナからアメリカに逃げてきたのに」

別居していたワデア君の父オダイさんは、ワデア君が星条旗を振る写真を公開した。

「政治について何も知らない息子がなぜ、殺されなければいけないのか」

イスラエルとガザで死んでいる子どもたちもみんなそうだ。

優しかったズーバ容疑者が突然豹変したのは、インターネットのせいかもしれない。イスラエルの首相府は奇襲直後、ハマスによって殺害されたとする赤ん坊の写真を発表した。それはネットで拡散され、バイデン大統領も反応したが、その写真の真偽は現在不明だ。

イスラエルをめぐってアメリカは分裂している。ギャラップの今年3月の調査では、アメリカ人の54%がイスラエルに共感を抱くと答えているが、その数値は近年減ってきており、パレスチナに好意的なアメリカ人は31%で増加傾向にある。特に若い世代にパレスチナ支持が増えている。

バイデン大統領は、イスラエル、ウクライナ、台湾への支援を含む1000億ドルの追加予算を検討しているというが、「イスラエルには支援ではなく即時停戦を求めよ」と反発する民主党支持者も多い。

ユダヤ系も一枚岩ではない。10月18日、首都ワシントンの連邦議会にイスラエル支援に反対するユダヤ人団体数百人が押し寄せた。彼らのシャツには「Not in Our Name」と書かれていた。「ユダヤ人の名において子どもたちを殺すな」という意味だ。

民主党もユダヤ系も分裂している。共和党もだ。そっちはイスラエルとは関係ない。

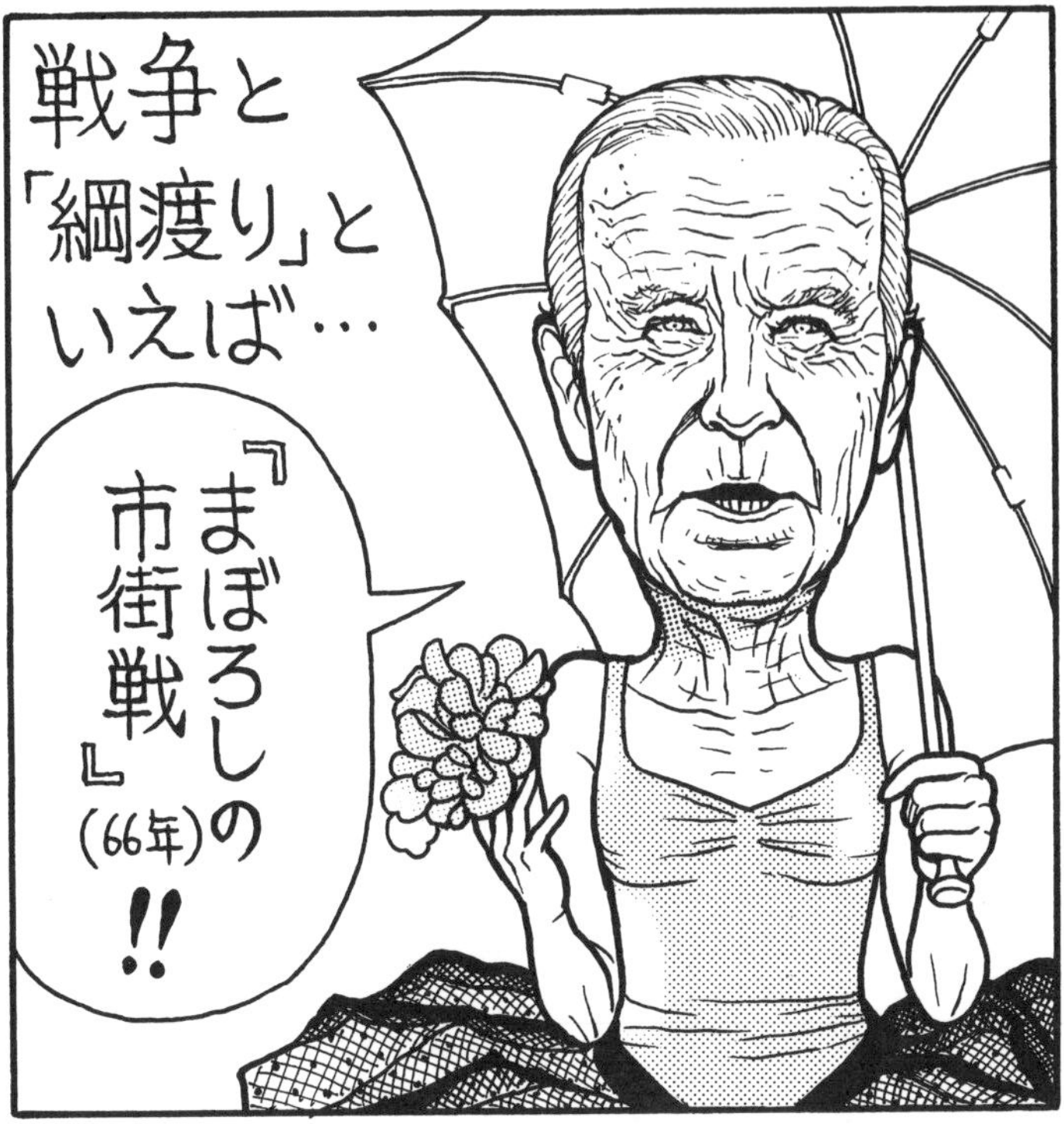
戦争と「綱渡り」といえば…
『まぼろしの市街戦』(66年)!!

☆ 下院議長が解任され… ☆

連邦議会下院は9名差で共和党が多数派なので議長は共和党のケヴィン・マッカーシー議員が務めていたが、10月3日に彼は解任された。これは史上初の事態だ。

ウクライナ支援を含む政府の予算案に共和党は反対し続けており、このまま決まらないとアメリカ連邦政府は閉鎖に追い込まれる。それを避けるため、マッカーシーは妥協案を探ったが、共和党内のトランプ支持の極右議員8人が、マッカーシーを裏切者として弾劾した。

代わりの議長候補には、熱心なトランプ支持者のジム・ジョーダンが担ぎ上げられたが、今度は共和党内の穏健派20名の票が集まらず、必要な過半数、217票を取れなかった。議長が決まるまでアメリカの連邦議会は機能を停止していた（10月25日にマイク・ジョンソンが選出）。

この間、バイデンは中東に飛び、支援によってイスラエルのガザ攻撃を抑え込みながら、苦しむパレスチナ人への1億ドル援助を表明し、分裂の間を綱渡りしながら事態の悪化を食い止めようとした。そしてイスラエルの人々にこう演説した。

「911の時のアメリカと同じように、イスラエルの人々もすべてを焼き尽くす怒りを感じているのはわかります。しかし、私は警告します。その怒りに呑み込まれてはいけません」

バイデンは訴えた。「911テロの時、私たちは激怒しました。裁きを求め、裁きを手に入れました。しかし、間違いも犯したのです」

アメリカ軍は911テロの首謀者オサマ・ビン・ラディンを殺害した。しかし、911と無関係なイラクにも攻め込み、戦争の泥沼にはまり、アフガンでは勝利を得ないまま撤退した。激怒の代償は大きかった。

「パレスチナ人の大多数はハマスではなく、ハマスはパレスチナ人を代表していません」

バイデンの訴えはイスラエルに届いただろうか。

# 世界初の原爆実験が行われたニューメキシコ州のトリニティ実験場へ

2023年11月16日号

ニューメキシコ州のトリニティ実験場に行った。1945年7月16日、この広大な砂漠で世界初の原爆実験が行われた。その実験の暗号名がトリニティだ。

トリニティ実験場は国定史跡だが、一般に公開されるのは年に2日だけ。史跡を内包する地対空ミサイルの開発実験場の機密保持のためだ。

入場できるのも先着5000人だけ。今回は、原爆を開発したロバート・オッペンハイマーの伝記映画『オッペンハイマー』が全米で大ヒットした直後のせいか、朝5時に車で入口に着くと既に長蛇の列。ゲートが開くのを待つ間に砂漠の地平線から日が昇った。世界初の原子爆弾が爆発したのも、明け方だった。

「こんにちは」日系人男性に声をかけられた。ジョージ・ワシントン大学で国際政治学を教えるマイク望月准教授、国際安全保障の専門家だった。

『オッペンハイマー』が日本で公開されないことについてどう思いますか？

「オッペンハイマーが原爆を発明したことを後悔する物語ですから、決して原爆を肯定していません。たとえ問題があるとしても、実際に映画を観て議論すべきだと思います」

朝8時に検問を受けて駐車場からグラウンドゼロ（爆心地）に歩いていく。その手前で係員がガラス状に溶けた砂を展示していた。原爆の高熱で溶けた砂漠の砂だ。

「これをトリニタイトと呼びます」

係員がガイガーカウンターを近づけると針が振れた。おびえる観光客に係員は「危険な放射線量ではありません」と説明する。「長い間接触したり、呑み込んだりしなければ」

爆心地には30メートルの鉄塔が建てられ、その上にプルトニウムを用いた原爆が設置された。長崎に落とされた原爆も同じタイプだ。鉄塔は爆発で消滅し、代わりに建てられた石碑の前で観光客が写真を撮っている。

両親に連れられてきた男子高校生に話を聞いた。

「原爆ってどう思う？」

「COOL（カッコいい）！」

「……広島や長崎では子どもが死んでるんだよ」

「あ……」

ちなみに彼は『オッペンハイマー』は観てなかった。観たら答えは違っていただろう。もしくは、その現場に広島や長崎の被害の写真があれば……。

観光みやげとしてキノコ雲を描いたシャツなどが売られていた。英語でこう書かれたTシャツも。

「今、我は死神、世界の破壊者になれり」

それは古代インドの聖典「バガヴァッド・ギーター」で神ヴィシュヌの化身クリシュナが言う言葉だが、オッペンハイマーは自分が作った原爆の威力に慄き、その言葉が脳裏に浮かんだという。

Tシャツを買った老人に聞いてみた。

「それ、着るんですか?」

こちらが日本人らしいと気づいて彼は言った。「……私の父はバターンで死の行進をさせられた」

1942年、大日本帝国軍はフィリピンのバターンで、アメリカ・フィリピン軍捕虜7万人を捕虜収容所までの灼熱の83キロを水も与えぬまま3日間歩かせた。アメリカ軍捕虜2300人を含む約1万人が死亡した。

「ヒロシマ、ナガサキも悲劇だが、バターンも悲劇だ」

ちなみにオッペンハイマーはトリニティ(三位一体)という暗号名を英国詩人ジョン・ダンの詩の一節「我を打ち砕け、三位一体の神よ」から発想した。その詩を彼に教えたのは元婚約者の精神科医ジーン・タトロック。彼女が自殺したことでオッペンハイマーは打ちのめされていた。

## ☆ 原爆実験場の風下の住人 ☆

実験場から出たところにプラカードを掲げた70代の女性がいた。

「私たちはダウンウィンダーズ(風下住民)」プラカードにはそう書かれている。

「私は原爆実験場の風下の住人です」

人が住んでいたんですか？

「あそこに家が見えるでしょう？　『オッペンハイマー』では描かれてませんでしたが、実験場の周囲には私の家族を含めた1万3000人が住んでいました」原爆は秘密だったので、実験は住民への許可なく行われた。警告も避難誘導もなかった。爆発で吹き上げられた放射線を帯びた砂は何キロも離れた風下に降下。実験はその後も何度も行われた。彼らは少しずつ被曝していった。

「私の両親はガンで若くして亡くなりました。私自身も末期ガンです」

ネバダの核実験場でも多くの人々が被曝し、ガンを発症したが、既に政府から賠償を勝ち取った。でも、トリニティの住民はまだ補償を受けていない。

「ダウンウィンダーズに補償を！」と叫んでいる中学生くらいの少女もいる。

「私の娘です」40代の女性が誇らしげに言った。

「私の両親はダウンウィンダーズで、ガンで亡くなりました。だから、娘を連れてきたんです。政府は嘘をつくから、戦わなければ民主主義は守れないと教育するために」

その後、オッペンハイマーらが住んでいたロス・アラモスに行った。トリニティ実験場から車で3時間ほど。サンタフェ近くにある標高2200メートルの高原。そこに米軍は密かに街を作り、世界中から集めた科学者たちを住まわせ原爆を開発させた。

現在は博物館になっており、破壊された広島と長崎の写真も展示されていた。写真の横には「科学者には、彼らが発明した技術の使われ方に責任があると思いますか?」という質問が書かれ、見学者たちがその場で書いた答えが掲示されていた。そのうちのひとつにはこう書かれていた。

「責任はあります。我々は皆、『自分はただの歯車にすぎなかった』などという言い逃れはできません」

# 出演料1本100万ドルの人気ドラマ『フレンズ』そのスターの壮絶な死

2023年11月23日号

90年代のTVドラマ『フレンズ』は、ニューヨークを舞台に「大人になれない」女3人と男3人の友情と恋愛を描くコメディ。ファッション業界で働くレイチェル（ジェニファー・アニストン）は、お金持ちのお嬢さんでわがまま。ロス（デヴィッド・シュワイマー）は古生物学の博士号を持つインテリだが面倒くさい性格で結婚離婚を繰り返す。

その妹モニカ（コートニー・コックス）はシェフ。神経質で負けず嫌い。フィービー（リサ・クードロウ）はヘンテコなフォークソングを歌うスピリチュアルで遅れてきたヒッピー。ジョーイ（マット・ルブランク）はナンパでチャラい売れない俳優。そしてチャンドラー

（マシュー・ペリー）は皮肉屋。いつも誰かを茶化さずにいられない。

「僕が朝の9時までに言う皮肉の数は普通の人の1日平均の皮肉数を超えてるんだ」

そんな『フレンズ』は日本の80年代トレンディ・ドラマにも似た惚れた腫れたのドタバタで大人気となり、2004年まで10年も続いた。当初、主演俳優のギャラは1話30分で30万ドルほどだったが、それは最終的に1話100万ドルを超えた。テレビが娯楽の王様だった時代の景気のいい話だ。

『フレンズ』の放送が終わってから20年目の2023年10月、チャンドラーことマシュー・ペリーが自宅で遺体で発見された。警察は「浴槽で溺死」と発表した。54歳。独り暮らしだった。

ファンは驚かなかっただろう。マシュー・ペリーは『フレンズ』放送中からずっと、アルコール依存症に苦しみ、病と闘い続けていた。

去年、マシュー・ペリーが出版した自叙伝によると、14歳の頃から酒を飲み始めたという。24歳で『フレンズ』出演。瞬く間に大金持ちになり、アルコールの乱用がエスカレートしていった。さらに27歳の時、ジェットスキーの事故で怪我をして痛み止めを服用してから、オピオイド中毒に。その量は増え続け、1日に55錠も飲んでいた。体重は不安定で、多い時は100キロ、少ない時は58キロまで上下した。内臓はボロボロだった。

『フレンズ』関係者にもペリーの異常は隠せなかった。撮影現場でも彼は朦朧としているか、逆に薬でハイになっているかで、台本の読み合わせにも支障をきたした。ジェニファー・アニストンは彼にそっと

「酒臭いよ」と言った。その声には不思議な憐れみと愛情がこもっていたという。
その頃から亡くなるまで、ペリーは6000回のAA（アルコホーリクス・アノニマス）の会合に出席し、15回入院した。
『フレンズ』のチャンドラーは、「僕は人にアドバイスできないんだ。皮肉しか言えない」とか、「不安と自己嫌悪なしにどう生きたらいいのかわからない」とか言っていた。それはある意味、マシュー・ペリーと重なっていたのだろう。
しかし『フレンズ』のチャンドラーは、2001年についにモニカと結婚して皮肉屋を卒業し、幸福をつかんだ。だが、その結婚式のエピソードが放送された時、マシュー・ペリーはリハビリ施設に入院していた。『フレンズ』の後、マシュー・ペリーは俳優業からも遠ざかっていった。

「職人的な役者として働くことができなくなった。クスリもやめられなかった。『フレンズ』で週に100万ドル稼いでたから」

30分ドラマで週に1億円以上稼いでたら、バカバカしくて映画なんかできないか。でも、マシュー・ペリーは少なくとも900万ドルを依存症のリハビリに費やしたと計算している。ドラッグにはそれ以上かもしれない。

自宅とリハビリ施設を行ったり来たりしていたマシュー・ペリーだが、2013年、ついに高級住宅地マリブの豪邸をリハビリ施設に改造した。依存症の問題を抱える男性が住み込んで依存症からの脱出12ステップに参加できるようにした。

## ☆「あなたもそばにいてくれたから」☆

しかし、それも長く続かなかった。長年のアルコールとドラッグでマシュー・ペリーの体調は悪化し、2018年には消化管穿孔で2週間昏睡状態に陥り、心臓と呼吸器をサポートするECMO（体外式膜型人工肺）を装着した。医師は「生存確率2％」と宣告した。

人工肛門になったものの、マシュー・ペリーは死の淵から生還した。そして2020年にはリハビリ施設で出会った女優モリー・ハーウィッツとの婚約を発表し、同棲を始めた。ペリーはひざまずいてモリーにプロポーズしたという。

いつまでも結婚しないペリーはゲイと噂されたこともあったが、実はジュリア・ロバーツやグウィネス・パルトロウなどの女優と真剣に付き合っていたこともある。しかし、いつも依存症が原因で破局してきた。

今度もペリーは婚約を解消した。「プロポーズした時、僕はクスリでラリっていたんだ」とコメントして。

「彼は複雑な人でした」婚約を破棄されたモリー・ハーウィッツは彼を恨まずに追悼している。「今はやすらぎを得られたと思います」

『フレンズ』の5人の仲間は「今はあまりに打ちのめされています。気持ちを整理するのに時間が必要です」という共同声明を出した。でも、『フレンズ』の主題歌以上に彼らの気持ちを語る言葉があるだろうか。

誰も言ってくれなかったよね
あなたの人生がこんなになるなんて
あなたの人生のギヤは二速から上に入らない

何年もずっとそう
でも
私はあなたのそばにいくよ
前と同じように
そばにいくよ
だってあなたもそばにいてくれたから

# 連邦下院議会の新議長はエロ・サイトを見ないよう息子と見張りあっている

2023年11月30日号

アメリカの連邦下院議会の議長がやっと決まった。そんなの、日本の読者にはどうでもいいことだと思うが、こいつが実にロクでもない奴なので、ちょっと読んでみてほしい。

議長だったケヴィン・マッカーシーは共和党だったが、一部の共和党議員の造反により解任されてしまった。今の下院は共和党が民主党をわずかな議席数で上回る拮抗状態で、予算案が通過しにくい。予算が決まらないと連邦政府の業務がすべてストップしてしまう。それを避けるため、マッカーシーは民主党と調整していたら、それを裏切りだとする共和党の超右派（トランプ派）によって降ろされてしまったのだ。

そんな状況だから次の議長もなかなか決まらなかったが、やっと選出されたのはルイジアナ州の下院議員マイク・ジョンソン（51歳）だった。

ジョンソン議長はインターネットでポルノ・サイトを見ないよう、17歳の息子と監視しあっているという。

？？？

ジョンソンはパソコンや携帯を「コヴェナント・アイズ」というアプリに登録しており、自分の息子を「監視パートナー」に選んでいる。もし、彼がエロ動画なんかのサイトにアクセスすると、高校生の息子に「あんたの父ちゃんがこんなエロサイト見てるよ！」と通報される。同様にジョンソンは息子のネット・エロ活動も監視している。

自分の性的趣味を息子に知られたい変態なのではない。キリスト教福音派であるジョンソンは、宗教的な信念から、「息子には結婚するまでセックスについて白紙状態でいてほしいので」、同じようなキリスト教徒が使うコヴェナント・アイズに登録したという。コヴェナントとは旧約聖書にある「神との契約」のこと。

マイク・ジョンソンは学校での性教育について「絶対純潔主義」だけを推奨している。「絶対純潔主義」性教育とは、婚前交渉を禁じ、避妊方法を教えないことで、南部のバイブルベルト州で実施されている。当然、避妊を教えている州よりも10代の未婚の母率は高い。

ジョンソンは当然、同性愛や人工中絶の権利にも反対だ。ルイジアナ州議会では、同性婚や中絶を制限する州法を成立させようと奔走した。それどころか彼はピルやコンドームによる避妊にすら反対している。

マイク・ジョンソンは1999年にコヴェナント・マリッジという結婚をした。これは結婚時に神の下で、離婚できる条件を限定すること。普通の離婚は本人たちの自由意志で可能になるが、コヴェナント・マリッジでは、浮気、虐待、依存症など相手の過失がないと離婚できない。しかも、その過失を証言や証拠で証明する義務がある。性格の不一致や、愛が無くなった、などの理由では離婚できない。

このコヴェナント・マリッジはキリスト教福音派が始めたことで、自由意志による「無過失離婚」が許されていることで離婚率が高くなっている現状を改善するためだった。現在、マイク・ジョンソンのいるルイジアナ州と、アリゾナとアーカンソーだけが州法でコヴェナント・マリッジを認めているが、それぞれの州でそれを実行している夫婦は1％前後でしかない。これは愛のない婚姻関係を解消できない制度だからだ。たとえば、夫が冷たくて意地悪な奴でも、妻はそこから逃げられない。

そんな結婚を受け入れているマイク・ジョンソンの妻ケリーもゴリゴリのキリスト教福音派で、オンワード・クリスチャン・カウンセリング・サービスの創設者で経営者。キリスト教徒のために家族問題や教育、恋愛の悩みの相談を受ける会社だが、まるでオンワード（先進的）じゃない。公式サイトにはこう書かれていた。

「私たちは、あらゆる性的不道徳は罪深い行為だと信じています。また、聖書もそのように教えています。つまり不倫、婚外交渉、同性愛、バイセクシャル、獣姦、近親相姦、ポルノ、性別の変更、生物学的性別への不同意は、神を不快にさせるのです」

同性愛を獣姦と一緒くたにする人に性の悩みなんて相談できる？

## ☆「カウンター・カルチャーのせいですよ！」☆

マイク・ジョンソンは信仰以外に何も見えてない。2016年、ジョンソンはルイジアナのキリスト教徒の集会で、全米で連続する銃乱射事件の原因は1960年代の文化革命が道徳を破壊したせいだと演説した。

「カウンター・カルチャーのせいですよ！　ウッドストックだの、ドラッグだの、ピースだの、自由恋愛だの、そういうもの全部が宗教や道徳の基盤を破壊したんです！　それで60年代後半、セックス革命が起こり、無過失の離婚が可能になり、フェミニズムが急進的になり、1973年には人工中絶が合法化されたのです！」

愛と平和を訴えた1969年のウッドストックのコンサートや自由恋愛が、現在の銃乱射とどんな関係があるの？　原因はどう考えても大量に連発できる銃を誰もが合法的に買えることだよ。

そんな論理はマイク・ジョンソンには通じない。彼は2020年の大統領選挙には不正があり、本当の勝利者はトランプであると訴え、議員たちを扇動して選挙結果の認定に反対した。

それに、もし「ポルノを含めたあらゆる性的不道徳は神を不快にする罪だ」という主張が真実なら、コラムニストをデパートの更衣室でレイプし、不倫関係にあったポルノ女優の口を金で封じようとしたトランプはとっくに雷に打たれて死んでるぜ。100回くらい。

こんなカルト馬鹿が下院の議長？

それでもまあ、「衆議院議長になっても月100万円しかもらえない」と文句言ってた細田ナントカよりはマシか。下には下があるものだ。

# ハマスの基地だと言って病院を破壊するイスラエルの嘘をメディアは暴けるか

2023年12月7日号

11月初めサンフランシスコで、クイーンのコンサートを観てきた。フレディ・マーキュリーの代わりにボーカルを務めるは、1982年生まれのシンガー、アダム・ランバート。無理にフレディの物マネをしたりせず、お客さんたちと一緒に歌う和気あいあいのライブだった。自分もふくめて還暦越えばかり1万人が大合唱。「ママー、僕の人生はまだ始まったばかりなのに」って、いや、もうじき終わりだから（涙）。

さて、サンフランシスコの街はあちこちの道路が封鎖されていた。11月中頃に開かれるAPEC（アジア太平洋経済協力）の首脳会議で、今回は、ハマスとの戦争でイスラエルを支援するバイデン大統領に対して大きな抗議活動が予想されるからだ。

アメリカにはユダヤ系が約700万人も住んでいる。これはイスラエルのユダヤ系人口に匹敵する。そのため、民主党も共和党も伝統的にイスラエルを支援してきた。しかし近年、アラブ系アメリカ人の人口も増加し、民主党や若年層にはパレスチナに共感を抱くアメリカ人も増加している。今回もアメリカ各地でイスラエルに停戦を求めるデモが続いている。

11月13日にはうちの近所のオークランドの連邦政府ビルをユダヤ系アメリカ人の反戦団体が占拠した。16日にはオークランドとサンフランシスコをつなぐ橋、ベイブリッジが反戦団体にブロックされた。抗議活動に油を注いでいるのは、イスラエル軍によるアル・シファ病院攻撃だ。

アル・シファ病院は、パレスチナ人が閉じ込められているガザ地区最大の医療施設。そこをイスラエル軍は激しく攻撃した。患者や新生児さえ死なせながら。病院への意図的な攻撃は戦争犯罪だが、イスラエルは、病院の地下にハマスの司令部があり、そこにイスラエルから拉致した人質が隠されていると主張した。その後、イスラエル軍はついに病院を占領し、ハマスの司令部の入り口と称する「穴」の映像を公開した。

でも、まだ信じられない。

というのも、イスラエルが今まで公表してきた証拠なるものが、どれもインチキばかりだったからだ。

11月11日、イスラエル政府はSNSで、アル・シファ病院に勤務する女性看護師が撮影したというビデオを公開した。彼女は聴診器を振り回しながら、ハマスが病院を支配して燃料や薬品を奪い、患者たちが死んでいると泣き声で訴えた。画面は揺れ動き、背後では爆音が鳴り続けている。

でも、彼女の化粧はあまりに完璧だった。その白衣もクリーニングから返って来たばかりのようにピカピカ。

フランス国営テレビは、このビデオの背景で聴こえるいくつもの爆音を解析し、音の波形がどれも同じだと指摘した。つまりSE（サウンド・エフェクト）だったのだ。

その後、イスラエル政府はビデオを削除した。

その翌12日、イスラエルの大統領イサク・ヘルツォークは英BBCテレビのインタビューで、ガザ地区のハマスが拠点にしていたパレスチナ人の住居の子ども部屋でイスラエル軍が発見した本を掲げて見せた。ヒトラーの『我が闘争』のアラビア語版だった。

「ユダヤ人を憎む箇所に線が引かれています。これが私たちが直面している戦争です！」

ネタニヤフ首相は「ヒトラーにホロコーストをやらせたのはパレスチナ人のアミーン・フサイニーだ」と主張しており、イスラエルがハマスとナチを結びつけるのに、あまりにも都合のいい証拠が出てきたものだ。

さらに翌13日、イスラエル政府は、ガザ地区の別の病院の地下で撮影したと称するビデオを公表した。戦闘服を着て突撃銃を持った広報マンが、「ここに人質が監禁されていたのです！」と叫んで、壁に貼ら

れた紙を指さした。

「これは人質を監視するテロリストたちの当番表です！　アラビア語で奴らの名前が書かれています！」

またしてもフランス国営テレビがすぐにその貼り紙を翻訳した。

「これは名前ではありません。書いてあるのは、日、月、火、水、木……。これはただのカレンダーです」

## ☆　ヤラセはどちらだ　☆

そんなイスラエルは、パレスチナ側の被害の写真についてはヤラセ扱いしてきた。

10月14日、イスラエル政府は、白い布にくるまれた幼い少年の写真をＳＮＳ

に投稿した。少年の顔には生気がない。「これはイスラエルの攻撃で死亡したパレスチナの少年と報道されているが、人形だ（そう、ただの人形ですよ）」と書き添えた。この投稿は全世界で300万以上拡散され、「パリウッド（パレスチナ&ハリウッド）の傑作だね」などと揶揄された。

だが、インドのネット・メディア「オルト・ニュース」は事実関係を調査し、元になった写真はフランスの通信社AFPの特派員が撮った写真であることを突き止めた。そして、人形と言われているのは、イスラエル軍の空爆で死んだオマル・ビラル・アル・バンナ君だと判明した。4歳だった。

ヤラセをしているのはイスラエルのほうで、ネタニヤフ首相は当初、「ハマスに首を切断された赤ん坊」なる写真を拡散したが、「怪しい」と疑惑が湧き上がった。

その写真にも騙されたバイデンは「パレスチナが発表する犠牲者数は信じられない」と疑った。それに抗議してガザ保健省は10月26日までの犠牲者6747人の氏名を公表した。AP通信社などのメディアがその数字の正確さを検証した。その後も死者数は1万人を超えて増え続け、その4割が子どもである。

# 元政府高官がイスラム系に嫌がらせ 地元のユダヤ系は?

2023年12月14日号

ニューヨークはマンハッタン、セントラル・パークの東側、アッパー・イーストサイドはユダヤ系の超富裕層が住む高層コンドミニアムが建ち並ぶエリア。そのビルの谷間の路上には、中東系移民が営むハラル料理の屋台がいくつも集まっている。

メニューは、フムス（ひよこ豆のペースト）、ひよこ豆を団子にして揚げたファラフェル、肉をマリネして焼いたギロス、それを包んで食べるピタ。ギリシア料理とだいたい同じ。ヘルシーなので人種民族を問わず人気がある。特に屋台は肉を焼く香りが人を集めて、昼時には行列ができる。

その屋台の一つで働くエジプト出身の

青年ムハンマド・フセインさん（24歳）に、60歳過ぎの白髪の白人男性が話しかけてきた。

「お前はどこから来た」

「エジプトです」

「テロリストだな！　お前の屋台の前に看板を出してやる。『ここにハマス支持者がいます』ってな！」

ハマスとフムスを間違えてるのか？　と思ったが、この男は2週間前から、フセインさんだけでなく、その周辺に屋台を出す中東系の売り子に絡んで、片っ端からハマス呼ばわりしていた。

フセインさんは「注文しないならあっちに行ってください」と言って、男をスマホで撮影した。男はひるむどころか逆に自分もスマホをフセインさんに向けた。「ムハバラートって知ってるか？」

ムハバラートはエジプトの諜報機関。

「お前の両親はムハバラートに捕まるぞ。ムハバラートはお前の親父さんの爪をひとつずつはがすぞ。お前の写真をムハバラートに送ってやる」

ヘラヘラ笑いながら男はさらにとんでもないことを言い始めた。

「お前は自分の娘をレイプしたか？　イスラム教の教祖のムハンマドがやったように。お前はイスラム教なのか？　イスラム教の経典コーランでケツを拭く奴もいるぞ」

「頼むから、あっちに行ってください」とフセインさんが懇願すると男は「なんで行かなきゃならないんだ。アメリカは自由な国なんだ。エジプトとは違うぞ」と開き直る。

「もうやめてください。僕は英語はよくわかりませんから」

「だからお前はこんな屋台で食べ物を売ってるんだな。無学だからだ」

他の屋台ではもっとひどいことを言っている。「パレスチナの子どもを4000人殺したくらいじゃ足りないね！」

フセインさんたちが撮影した動画は11月21日にSNSに上がり、翌日にはウェブメディアVICEが、この男の素性を突き止めた。

スチュアート・セルドウィッツ（64歳）。なんと元大統領補佐官だった。

セルドウィッツはクリントン政権の1999年からブッシュ政権の2003年まで、アメリカ合衆国国務省のイスラエル・パレスチナ問題局で政策担当官を務めていた。こんな差別主義者がパレスチナ問題についてのアメリカの政策を決めていたのだ。

オバマ政権では国家安全保障会議の南アジア総局の局長代理を務めたセルドウィッツは、退任後は、イスラエルの人道外交コンサルタント会社ＧＤＣを経て、政治ロビー会社ゴッサム・ガバメント・リレーションズ社の外交部長に就いた。どう考えても億万長者のくせに、最低賃金で働く移民の青年をイジメて恥ずかしくないのかね。彼らは何を言われても決して言い返したりはできないのだ。逮捕されたりしたら、ワーキング・ビザを取り上げられて母国に強制送還される恐れがあるから。

## ☆「ニューヨーカーとして当たり前のこと」☆

無抵抗のフセインさんに対するセルドウィッツのイジメをさっきから見ていたヘルメットに反射ベストを着た建設作業員がたまりかねて間に入った。「もうやめなさい。あなたのしていることは間違っている」

「こいつはユダヤ人を殺すのが好きなんだよ！」

「いえいえ、彼はそんなことは言ってませんよ」

「こいつがそう言ったんだ！」

セルドウィッツはくやしそうに去って行った。フセインさんを助けた建設作業員は後にモロッコ移民のザック・タミーミさん（53歳）と判明した。彼をヒーローと称える地元のメディアに対してタミーミさんはこう答えた。

「私は英雄じゃない。ニューヨーカーとして当たり前のことをしただけさ」

移民の国アメリカでも特にニューヨークは昔から移民や難民が築いてきた街。母国同士が対立しても、ここではみんなニューヨーカーなのだ。

タミーミさんの言う通り、フセインさんのスマホ動画がSNSに上がると、すぐに彼の屋台の周りには、彼を支援する人々が集まり、路上にテーブルを出して、「食べて応援」した。彼らのほとんどが地元のユダヤ系だった。

セルドウィッツを雇用するゴッサム社は、「彼の行為は卑劣で差別的です」と声明を出してセルドウィッツをクビに。さらに動画の公開翌日の11月22日、ニューヨーク市警はヘイトクライムでセルドウィッツを逮捕。弁護士がすぐに彼を釈放させたが、もし有罪になれば凶悪犯ばかりの恐ろしいライカーズ刑務所で最長1年の懲役になる。

アメリカは、イスラエルのハマスへの攻撃を止めないことで国際社会で非難されているが、今回の市警の動きは迅速だった。戦争以来、ユダヤ系、イスラム系双方に対するヘイトクライムが激化しているなか、断固たる態度を示す必要があったのだろう。

それに比べ、アイヌや在日韓国・朝鮮人への差別で法務局から人権侵犯と認定された杉田水脈議員を何ら処分する気配も見せない自民党って……。

# インド政府がアメリカでシーク教徒暗殺を計画その間抜けな顚末

2023年12月21日号

11月29日、アメリカ政府は、アメリカ国籍を持つシーク教徒の運動家をニューヨークで暗殺しようとしたインド政府関係者を起訴したと発表した。

標的になったのはアメリカ在住の弁護士グルパットワント・シン・パヌン氏。インドのパンジャブ州の独立を求める州民投票を呼び掛けていた。パンジャブ州の人口の58％がシーク教徒で、それはインド全体のシーク教徒の76％になる。それをシーク教徒の国「カリスタン」としてインドから分離独立させたい運動の指導者がパヌン氏で、インド政府からはテロリスト呼ばわりされていた。

パヌン氏暗殺の共謀で起訴されたニキル・グプタ被告（52歳）はインドの公安

警察であるＣＲＰＦ（インド中央予備警察隊）の諜報員。パヌン氏を殺害するため、国際的な麻薬商人に殺し屋の手配を依頼した。だが、その麻薬商人は、たまたまアメリカのＤＥＡ（麻薬取締局）のネズミ（情報提供者）だった。ＦＢＩ（連邦捜査局）やＤＥＡはこういう犯罪者を逮捕しても起訴せずに、スパイとして使うために泳がせているのだ。

アメリカ政府は、標的にされたパヌン氏を守ると共に、グプタを逮捕しようとした。彼はチェコに逃げたが、チェコで警察に拘束され、身柄はアメリカに引き渡される予定。バイデン大統領はインドのナレンドラ・モディ首相に9月に首脳会議で会った際にこの暗殺計画に抗議したという。

さて、グプタに相談された麻薬商人は彼に「殺し屋」を紹介した。その人物もＤＥＡの捜査官だった。そうとも知らずにグプタは「殺し屋」に10万ドルの代金でパヌン氏殺害を依頼し、前金も渡した。そしてグプタは、自動車の座席で全身に銃弾を受けて死んでいる男の写真を見せて「こいつも我々の標的だった」と言った。

その人物は今年6月にカナダで暗殺されたシーク教国家分離独立運動家ハーディープ・シン・ニジャール氏だった。暗殺者が仕事の証拠としてその場で撮影したものらしい。今年9月、カナダのトルドー首相は、カナダでニジャール氏を暗殺したのはインド政府だと発表して世界を驚かせ、インドの外交官を国外追放した。

「殺し屋」（実は捜査官）が、「標的を殺す時、周囲の人を巻き込みそうだったらどうする？」と尋ねると、グプタはこう答えた。

「かまうな。全員やれ」

……なんか、もうマンガみたいな話だけど、インド政府はなぜ、こんなヤクザまがいの暗殺を？

シーク教は15世紀末にパンジャブ州で始まった宗教で、頭にターバンを巻いていることで知られ、日本ではプロレスラーのタイガー・ジェット・シンと、『金曜10時!うわさのチャンネル!!』のレギュラーだった演歌歌手チャダが有名。

シーク教徒は現在全世界に2600万人もいるが、人口14億人のインドでは、わずか1・7％にすぎないマイノリティ。そのため、マジョリティであるヒンドゥー教徒に対する分離独立闘争が続いてきた。

1984年には寺院に立て籠ったシーク教過激派数百人以上がインド政府軍に殺される事件が起こり、その報復でシーク教徒はインディラ・ガンジー首相を暗殺（マハトマ・ガンジーとは血縁が無い）。報復が報復を呼び、翌年にはインド航空のジャンボジェット機がシーク教過激派の爆弾で爆破され、乗客乗員300人以上が犠牲になった。

## ☆ ガンジーに触れない『RRR』 ☆

しかし、その後は融和が進み、2004年には初のシーク教徒の首相マンモハン・シンが誕生。2014年まで政権を維持した。だが、その後を継いだモディ首相はシークやイスラムなどの非ヒン

ドゥーに厳しい政策を取り続けている。

モディ首相はヒンドゥーヴァだ。ヒンドゥーヴァは直訳すれば「ヒンドゥーらしさ」だが、政治的には、ドイツのナチスに影響を受けて形成されたヒンドゥー教独裁主義を意味する。彼らはヒンドゥー教以外を認めない。

モディの属する与党インド人民党はヒンドゥーヴァの右派政党で、それを支援するのがＲＳＳ（民族義勇団）。ナチにとっての突撃隊みたいな右翼暴力集団だが全国に６００万人もいて、モディも21歳の時、ＲＳＳに入団している。

モディが首相になる前、グジャラート州知事だった２００２年にグジャラートで反イスラム暴動が起こり、１０００人以上のイスラム教徒が虐殺された。モディはその暴動を鎮圧しようとしなかった。

最近、日本でもヒットしたインド映画『ＲＲＲ』はインドのイギリスからの独立革命をマンガ的に描き、フィナーレでは独立運動の英雄たちが次々と名指しで賞賛されるが、なぜか非暴力闘争でインド独立を勝ち取った偉人マハトマ・ガンジーについて一言も触れられていなかった。それはモディ政権下ではガンジーを賞賛しにくいからだという。ガンジーは異なる宗教間の融和を訴えたためにヒンドゥー教独裁主義者を怒らせ、ＲＳＳに暗殺された。そのＲＳＳ出身者がモディなのだ。

現在でもＲＳＳはイスラム教徒だけでなく政府を批判するジャーナリストなどを脅迫したり、殺害すらしている。最近では、ヒンドゥーで神格化されている牛を守る、と称して食肉業者を襲撃してリンチしている。被害者の多くはイスラム教徒だ。

しかし、インドでもロシアでもイスラエルでもイランでもアルゼンチンでもイタリアでも世界中どこに行っても右翼だらけでホント嫌んなるよ。あ、アメリカも日本もね。

# 享年100 キッシンジャーに浴びせられる「虐殺者!」の声

2023年12月28日号

11月29日、キッシンジャーが死んだ。100歳だった。

自分の世代にとってキッシンジャーは、ニクソン訪中の黒幕だった。東西冷戦の最中にアメリカと中国が国交を結んだのは「ウルトラC」（当時、掟破りの技をそう呼んだ）で、その端緒を開いた大統領補佐官キッシンジャーの外交テクニックが絶賛された。

キッシンジャーは1923年にドイツに生まれ、ユダヤ人迫害を逃れてアメリカに移民。ハーヴァード大学で国際政治を学んで、1961年、ケネディ大統領の顧問になった。その後、1969年、ニクソン大統領の補佐官になり、1973年、ベトナム戦争終結に尽力したと評価されてノーベル平和賞を受賞した。同時期に国務長官に就任。ニクソンがウォーターゲート事件で辞職した後を継いだフォード政権でも留任し、以降も共和党政権の外交に隠然たる影響力をふるい続けた。しかし……。

「キッシンジャーが死んだよ！　１００歳で！　良心が無いとストレスもなく長生きできることの証明ね！」

女性コメディアンのミッシェル・ウルフは自分が司会を務めるお笑い番組『デイリー・ショー』で笑いながら言った。彼女は２０１８年のホワイトハウス記者クラブでも一席設けられたが、当時のトランプ大統領は彼女の毒舌を恐れて欠席した。

「あなたがキッシンジャーについて、どう思ってるか知らないけど、この事実は認めないとね。彼はアメリカ史上最悪の戦争犯罪者の一人よ！」

そう言ってるのはミッシェルだけじゃない。全国紙ＵＳＡトゥデイもキッシンジャー死亡記事の見出しに「戦争犯罪者」と書いた。

「ただ、ＧＯＡＴかどうか、みんなで討論してみましょう！」

ＧＯＡＴ（グレーテスト・オブ・オールタイム）は、「ＧＯＡＴのピッチャーは誰か？」みたいにスポーツ選手についてよく使われる言葉。

「キッシンジャーは文句なく戦争犯罪者のＧＯＡＴですよ！」と主張するのはマレーシア出身コメディア

ンのロニー・チェン。彼はこの番組でレポーター役を務める。
「キッシンジャーに責任がある虐殺を挙げてみましょう。ベトナムでしょ、カンボジアでしょ、チリでしょ……もっと続けていい？　パキスタン、東チモール……」
1972年、ニクソンとキッシンジャーは北ベトナム政府と秘密裏に和平交渉を進めながら、その年のクリスマスに北ベトナムに2万トンの爆弾を落とした。死者は少なくとも1600人。
同時にニクソン政権はベトナムの隣国の中立国ラオスとカンボジアに密かに爆撃を続けた。その国を通じて北ベトナム政府が南ベトナムの反政府勢力に武器を援助していたからだ。しかし、中立国への爆撃は国際法違反なので、アメリカはその事実を隠し続けた。カンボジアにはその間約50万トンの爆弾が落とされ、数十万人が犠牲になった。

それ以外の件は、アメリカが直接、殺したわけではないが、キッシンジャーは軍事独裁政権の虐殺行為を見過ごすばかりか、支援していた。

1971年、東パキスタンで起こった現地バングラ（ベンガル）人の独立運動を弾圧し、300万人を殺したパキスタンをニクソン政権は支援した。だが、東パキスタンは独立を勝ち取り、バングラデシュ（バングラ人の国）になった。

1975年、ポルトガルからの独立を宣言した東チモールに侵攻して占領したインドネシアのスハルト軍事政権も、キッシンジャーは支援している。東チモール人は20万人も殺されたが、2002年、独立を勝ち取った。

同じ70年代前半、南米チリの選挙で社会主義政権が成立すると、キッシンジャーはピノチェト将軍のクーデターによる政権奪取を後押しし、その後もピノチェトの軍事独裁を支援し続けた。その間に殺されたチリ国民は約4000人。

1976年、南米アルゼンチンで始まった軍事独裁政権もキッシンジャーは支援した。政権による虐殺や拷問で3万人が亡くなった。

## ☆ 戦争犯罪者としては〝二流〟 ☆

「どうです？　戦争犯罪でキッシンジャーにかなう奴がいますか？」

自慢気なロニー・チェンに、もうひとりのレポーター、コメディアンのマイケル・コスタが反論した。

「いやいや、ディック・チェイニーもすごいぜ。アフガニスタン、イラク、グアンタナモ……おまけに、うずら狩りに行って散弾銃で友達の顔を撃ってるぞ」

「2人ともちょっと、アンドリュー・ジャクソンを忘れてるわよ」

ミッシェル・ウルフが口を挟む。第7代大統領アンドリュー・ジャクソンはスペイン領フロリダに攻め込んで先住民を虐殺、そればかりか平和に白人と共存していたチェロキー族などを不毛の地オクラホマを含むミシシッピ川以西に強制移住させ、数万人を死なせた。

3人はまるでスポーツ・ファンが言い争うように、誰がいちばん悪い戦争犯罪者かを議論する。もちろんこれ自体がコントなのだ。

「キッシンジャーは戦争犯罪者としては二流だね。だってノーベル平和賞までもらってるぞ」とマイケル・コスタが言うと、ロニー・チェンは「キッシンジャーは自分でエスカレートさせた戦争を終わらせてノーベル賞もらったんだぜ。いちばん凶悪だよ」と言い返す。

ふと、マイケル・コスタが言う。

「こういう論議は、過去を振り返るから言えるけど、できればそいつが戦争犯罪してる時に言ってやらなくちゃね」

そう、イスラエルでは、シリアでは、ウクライナでは今も虐殺が続いているのだ。

# 反イスラエルの学生運動で名門大学を追いつめるシオニスト投資家

2024年1月4・11日号

名門ハーヴァード大学の学長はクローディン・ゲイ教授（53歳）。2023年7月に就任したばかりのハーヴァードの長い歴史上初の黒人女性の学長だ。エリートばかりのハーヴァードでは珍しく、貧しいハイチ移民の娘。

そのゲイ学長が集中砲火を浴びている。

きっかけは、10月7日のイスラエルに対するハマスの攻撃だ。報復としてイスラエルはパレスチナ自治区を空爆し続け、今までに1万8000人が亡くなり、毎日のように爆撃で死んだ幼い子どもの姿が報道され、アメリカ各地の大学では学生たちがパレスチナを支援し、イスラエルを批判するデモが続いている。

ハーヴァード大学では学生たちが「今

回の戦争の責任はパレスチナを占拠してきたイスラエルにある」とする書簡をインスタグラムで発表した。

その後、ハーヴァード大学内で撮られたと称する動画がSNSに投稿された。パレスチナ支援のデモを行う学生たちが、ヤームルカ（ユダヤ教徒の帽子）をかぶった学生を取り囲んで「恥を知れ」と叫んで嫌がらせをする光景だ。

他の大学でもユダヤ系学生たちが被害を訴えていると報道されたが、具体的に処分された学生はいなかった。各大学に多額の寄付をするユダヤ系実業家たちは、学長を激しく批難した。イスラエルを圧倒的に支援する共和党も動き、連邦下院議会の公聴会に学長たちを召喚した。

12月5日、議会に呼びつけられたのはハーヴァード大学のゲイ学長の他、マサチューセッツ工科大学のサリー・コーンブルース学長、ペンシルヴェニア大学のエリザベス・マギル学長の計3人。なぜか、3人とも女性だった。

糾弾の急先鋒は、エリス・ステファニク下院議員（共和党）。彼女もハーヴァード出身。父はチェコ系、母はイタリア系だが、ユダヤ人差別について徹底的に学長たちを問い詰めていった。

「ユダヤ人殲滅（ジェノサイド）を呼びかけることは大学の規則に反しますよね？」

反するなら学生を処分せよ、ということだ。しかし、3人の学長はこう答えた。

「実際の行為ならハラスメントですね」

「言うだけならハラスメントにならないと言うんですか？」

空売りと有名企業との泥仕合で大儲け
大物山師のビル・アックマンさん
誰が山師だ
アクティビストと呼べ

「特定の個人に向けられているならハラスメントです」

「ユダヤ人の学生に向けられていないと言うんですか？　それはユダヤ人の非人間化ですよ！　それも反ユダヤ主義です！」

　学長たちの木で鼻を括ったような答えにステファニク議員はキレた。

「学長、あなたの答えを世界の人々に知らせるチャンスを与えましょう。ユダヤ人殲滅の呼びかけは規則違反でしょ？　イエスかノーか？」

「それは状況によります」

　３人の学長たちは最後までイエスとはいわなかった。

　ステファニク議員たちは、この学長た

ちの辞職を求める投票を行った。

賛成303対反対126で、共和党は1人を除く全員が賛成した。まあ、この決議に法的拘束力はない。

ただ、3人がイエスともノーとも言わなかったのには理由がある。

ステファニク議員が言ったような「ユダヤ人殲滅の呼びかけ」など、実際にはどの大学でも起こっていないのだ。

パレスチナ支援のデモでシュプレヒコールされる言葉は「ガザからイスラエルは出ていけ」「占領をやめろ」または「インティファーダを世界に」などだ。インティファーダは「蜂起」を意味するアラビア語で、「インティファーダを世界に」はパレスチナに連帯する抗議活動を全世界に広げようというスローガンだ。そして、このスローガンをステファニクは「ユダヤ人殲滅の呼びかけ」と勝手に解釈しているだけ。

## ☆反イスラエル=反ユダヤ主義?☆

こんな質問に学長たちはイエスと言えるわけがない。学生の言論と政治活動の自由の侵害になる。

ところが共和党にとって、イスラエル政府に反対することとイコール反ユダヤ主義なのだ。

下院の共和党は「反シオニズムは反ユダヤ主義である」という奇妙な議会決議も行った。

シオニズムとはユダヤ人は2000年前に古代ユダヤ王国があったパレスチナに独自の国を持つべきだとする運動。それでイスラエルが建国された。だからこの決議は言い換えれば「イスラエルのやり方に反対する者はユダヤ人差別者だ」という決めつけだ。

ここでもやはり共和党は1人を除いて全員賛成。民主党は13人が反対し92名が棄権した。棄権した民主党員の一人、ジェロルド・ナドラー議員はユダヤ人だが「たしかにほとんどの反シオニズムは反ユダヤ主義だが、ユダヤ人にも反シオニストはいるよ」と語った。

そもそもシオニズムは19世紀に生まれたイデオロギー。2000年間そこに住んでいたパレスチナ人の土地と命を奪うイスラエルの政策に反対するユダヤ人は少なくない。

公聴会の後、各大学に莫大な寄付をしているユダヤ系大富豪たちは学長が辞めないなら寄付を取りやめようと呼びかけ、ペンシルヴェニア大学のマギル学長はついに辞職に追い込まれた。ハーヴァード大学のゲイ学長に対しても、ユダヤ系投資家ビル・アックマンが「辞職しないと寄付をやめる」と脅しをかけ、ゲイ学長の去就を決める理事会が開かれた。

満場一致でゲイ学長の留任が議決された。権力や資本家からの「学問の独立」を守るためには当然の結果だろう。ゲイ学長を辞めさせようと大騒ぎしたビル・アックマンは「彼女は実力じゃなくて、女で黒人だから優遇されただけだ」と発言して炎上。あんたが差別してるんじゃん！

# 反乱の首謀者トランプに大統領候補の資格なし! でも最高裁が……

2024年1月18日号

今年11月に行われるアメリカ大統領選挙で、共和党の予備選の世論調査の支持率トップを走っているドナルド・トランプ前大統領が、コロラド州の最高裁に「大統領候補者の資格なし」と判断された。

その理由は、合衆国憲法修正第14条第3項が「合衆国に対する反乱に参加した者」が上下院議員や政府や軍の役職に就くことを禁じているから。この条項は南北戦争直後に作られた。連邦政府に対して反乱を起こした南部の政治家を公職から排除するために。

その南軍も攻め込めなかった連邦議会にトランプは侵攻した。2020年の大統領選挙で民主党のバイデン候補に敗北した結果を覆すため、現職の大統領だったトランプは翌年1月6日、憲政の殿堂である連邦議会に暴徒を乱入させたのだ。この件でトランプは既に昨年8月、首都ワシントンで連邦大陪審から共謀罪などで刑事起訴されている。有罪になれば最長で20年の禁錮刑になる。

コロラドで候補者から排除されるとどうなるか。大統領選は、各州に割り当てられた「選挙人」数を争い、過半数の270以上取ったほうが勝ち。そしてコロラドは選挙人数10の接戦州。これを失うのは痛い。

だからトランプ側はコロラド最高裁の判決に対して「選挙妨害だ」と抗議している（てめぇのことは棚に上げて……）。

さらにはこう反論している。「憲法14条第3項で就任が禁じられているのは〝上下院議員と、軍と政府の役職〟だけで、大統領は含まれていない」……この理屈は苦しい。だって大統領はどう考えても「政府の役職」だし、間違いなく米軍の最高司令官だよ！

トランプはワシントンで起訴された共謀罪については「任期中の大統領の公務は刑事起訴できない」という免責特権を盾に控訴している。しかし、議会に暴徒を乱入させるのが「公務」かね？

たしかに基本的に、大統領の犯罪を裁けるのは議会による弾劾だけなのだが、共和党が挙党で弾劾に反対票を投じたので許されてしまった。

今回のコロラドの件もトランプが控訴するのは確実で、つまり、この2つの件はどっちも連邦最高裁に委ねられる。トランプの反乱がやっと、ついに、とうとう裁かれるのだ。

ところが、最高裁の判事9人中6人が共和党。しかも3人はトランプによって任命された。トランプに有利な判定を下す可能性は高い。

なかでもクラレンス・トーマス判事の妻ジニーはゴリゴリのトランピストで、2020年の大統領選に負けた時は、トランプの補佐官やウィスコンシンやアリゾナの共和党議員にメールして、選挙結果をひっくり返してくれと懇願し、1月6日の反乱の時も襲撃を扇動する集会の現場にいたのだ。その夫がトランプの反乱を有罪にできるわけがない。

「民主主義において神聖なる選挙への侵害についての裁判は重要です。公平性に疑問のない判事だけに審理させるべきです」

民主党のリチャード・ブルーメンソール上院議員は最高裁長官のジョン・ロバーツ宛の公開書簡で、トーマス判事を外すよう要請した。

トーマス判事は黒人だが、黒人の権利に反対し続ける極右判事で、中絶の権利を憲法が守るとした最高裁判決をひっくり返したのに続いて、次には同性婚を合憲とした判決をひっくり返すと予告している。

## ☆ 極右判事、しおらしい共和党候補者 ☆

だが、トーマス判事は汚職の証拠が次々に見つかっている。トーマス判事夫妻は、テキサスの不動産王ハーラン・クロウなどの共和党の大口寄付者から38回もバハマなど世界各地の高級リゾート旅行に招待さ

れている。そのうち26回はプライベート・ジェット！

トーマス判事は黒人のなかでも最貧困家庭に育った苦労人なので金にはうるさい。最高裁判事の給料を上げろと共和党を脅迫していたのも発覚した。2000年、トーマス判事の年収は17万3600ドルだったが、共和党のクリフ・スターンズ下院議員に対して「給料を上げなければ何人かの判事が辞める」と脅迫する手紙を書いた。その手紙はスタンフォード大学所蔵の文書から発見され、昨年12月18日に調査報道機関のプロパブリカが報じ、ニューヨーク・タイムズに掲載された。当時、議会は共和党が支配し、大統領は共和党のブッシュだったので、すぐにトーマス判事の給料は上がった。ちなみに彼の現在の年収は28万5400ドル（約4000万円）。こんな人に公平な審理、期待できる？

憲法14条を理由にトランプの候補者資格の剝奪を求める訴訟はコロラド以外にもあちこちの州で起きている。コロラドで訴えたのは一人の弁護士で、他の州でも原告は弁護士や市民団体が多い。だが、フロリダでは棄却された。直接の利害関係のない者は原告になれない、という理由で。

直接の利害関係があるのは、予備選でトランプと戦う共和党の大統領候補者たちだ。だが、彼らは訴えるどころか、全員が「トランプを候補者から排除するのは選挙妨害だ」としおらしいことを言っている。ニッキー・ヘイリーは「私は予備選で正々堂々、彼に勝ちます」……綺麗ごと言ってる場合かね。あんたら誰も支持率2割超えていないんだから、本気でトランプに勝つ気なら裁判でも何でも起こさないと！

まあ、トランプの草の根支持者たちは、今回のコロラドの件でさらに被害者意識を燃え上がらせ、莫大な額をトランプに寄付するだろう。結局、得するのはまたしてもトランプだけ？

# 自分の娘を無理やり不治の病にした毒母を殺した少女、釈放

2024年1月25日号

2023年12月28日、ジプシー・ローズ・ブランチャード（32歳）が仮釈放された。彼女はボーイフレンドと共謀して母親を殺した罪で服役していた。母ディー・ディーは、娘ジプシー・ローズを不治の病に偽装し、全米の同情と寄付を集めて暮らし、そのために娘を20年間監禁し、必要のない手術や投薬で娘を身体障碍者にしようとした。

ディー・ディーは1967年、ルイジアナ州に生まれた。24歳の時、17歳の高校生ロッドと性交渉を持って妊娠し、ジプシー・ローズを産んだ。無理やり関係を持たされたロッドはディー・ディーとは別れたが娘ジプシー・ローズには会いたがった。しかし、ディー・ディーはそ

うさせなかった。

ディー・ディーはジプシー・ローズが先天性の染色体異常で、筋ジストロフィーで白血病で、自分では歩くこともできず、知的に遅滞していると主張し、学校にも行かせなかった。

重度の障害に苦しむ少女ジプシー・ローズはマスコミに注目され、全米から寄付が集まった。ディー・ディーは定職も持たず、寄付と福祉に頼って暮らした。

父ロッドは再婚し、定期的に娘を家に預かることになった。するとロッドの妻は倒れた。誰かに除草剤を飲まされたらしい。ロッドの妻が入院している間に、ディー・ディーは娘を連れ去り、ロッドに会わせなくなった。

2005年、ハリケーン・カトリーナによってルイジアナに水害が起こると、住む家を失ったディー・ディーは、ミズーリ州に慈善団体が提供した一軒家に引っ越した。

その間もロッドは娘に毎月1200ドル送金し続けた。しかしディー・ディーはマスコミに「彼はいちども養育費を送らないアル中の暴力夫だ」と言い続けた。

ジプシー・ローズは成長したが、健康は悪化した。車椅子なしではどこにも行けず、白血病の化学療法で髪の毛は抜け落ち、すべての歯も失った。でも「4歳の知能しかない」とディー・ディーが言うジプシー・ローズの無垢な笑顔は人々の心を打った。

しかし、ジプシー・ローズを診た小児科医ベルナルド・フラスタースタインは、どう検査しても、筋ジ

ストロフィーや白血病を見つけられなかった。しかも彼女は車椅子無しでも歩けるし、知能はむしろ高い。

　実はジプシー・ローズはまったく健康だった。幼い頃から母親に「お前は病気だ」と洗脳され、それを演じ続けた。髪の毛は抜けたのではなくディー・ディーに剃られた。人前では歩かないようにしつけられた。その必要もないのに唾液腺を手術で切除され、唾液がないので口の中で菌が増殖し、歯はすべて腐り落ちた。離乳食しか与えられず、いつも極度の栄養失調にあった。

　ディー・ディーは「代理ミュンヒハウゼン症候群」だった。ほら男爵として知られるミュンヒハウゼンのごとく、病気を偽ったりして周囲の注目を集めようとする精神病だが、ディー・ディーのように自分の代わりに自分の子どもの病気や事故、誘拐を偽装して同情を買おうとする親もいる。

疑われるとディー・ディーはフラスタースタイン医師から逃げた。彼も通報する勇気がなかった。ジプシー・ローズは既にテレビのワイドショーや週刊誌で全米の人気者だったからだ。

2011年、ジプシー・ローズは20歳になった。ここから逃げなくちゃ、でも、どうやって？ 友達は誰もいないし、お金は1セントもないのに。

ジプシー・ローズは、インターネットで理解者を見つけ、彼の助けでついに家から脱出した。しかし、逃亡先のホテルで母親に発見されて家に引き戻され、ベッドに手錠で縛り付けられて折檻を受けた。パソコンはハンマーで破壊された。

## ☆ 20年以上にわたる虐待事件 ☆

それでもジプシー・ローズはあきらめなかった。翌年、彼女は、深夜、母親が眠った後、母親のスマホからネットに入り、キリスト教徒向けの出会い系サイトで、自分と同年代のニコラス・ゴデジョンという青年と知り合った。2015年6月のある夜、ジプシー・ローズは自宅にニコラスを引き入れた。彼はベッドで眠るディー・ディーをナイフで17回刺して殺した。その後、ジプシー・ローズの部屋で二人はセックスし、ディー・ディーが隠していた4000ドルを持って逃亡した。

それは、父ロッドから彼女に送られた養育費だった。

ジプシー・ローズは逮捕されたが、母親殺しの事件というよりも、20年以上にわたる虐待事件として全米を驚かせた。実行犯のニコラスは第1級殺人で終身刑、計画を立てたジプシー・ローズは第2級殺人で懲役10年の判決を受けた。今回、仮釈放されるまでの8年半でジプシー・ローズはどんどん健康になっていった。それは今まで一度も許されなかったことだ。面会に来た父ロッドに会うこともできた。ニコラスとは別れたが、自分のために命を賭けた彼を法廷で支援し続けている。

もうひとつの夢もかなった。勉強することだ。獄中でジプシー・ローズは授業を受けて、GED（高卒資格）も取得した。それを助けた37歳の教師と結婚し、出所後（仮釈放中）は彼と暮らす。

母親に奪われた人生を取り返し始めたジプシー・ローズを支えたのは、テイラー・スウィフトの歌だった。なかでもお気に入りの歌は「カルマ　KARMA」だという。

この数十年で私が何を学んだと思う？
この涙から私が何を得たと思う？
私は消えそうだった　でも、ここにいる
人はカルマ（業）から逃げられない
でも、カルマ（業）は私の恋人

# 次々と非業の死をとげたフォン・エリック兄弟　その呪いの正体は毒父だった

2024年2月1日号

ジャイアント馬場選手が主人公のマンガ『ジャイアント台風』（原作・梶原一騎、作画・辻なおき）には、フリッツ・フォン・エリックという身長195センチの巨体レスラーが登場する。

フリッツの必殺技はアイアン・クロー（鉄の爪）。巨大な手で相手の顔をつかみ、ビール缶を握り潰し、電話帳を引き裂く握力で、こめかみを締め付けて、ギブアップさせる。これに対抗するため、馬場は地面に掘った溝に体を横たえて、顔をジープに何度も轢かせて鍛える！

んなアホな！　これを読んだのはガキの頃だが、さすがに笑ってしまった。でも、フリッツ・フォン・エリックには笑えない話がある。彼には6人の息子がいて、その多くがプロレスラーを目指したが、次々と悲惨な死を遂げた。これを人は「フォン・エリック家の呪い」と呼んだ。

この呪いの正体に迫る映画が先日アメリカで公開された『アイアンクロー』。青春スターだったザック・エフロンが徹底的に鍛え上げた体で、次男ケヴィン・フォン・エリック（1957年生まれ）を演じる。

実はケヴィンの上にはジャックという息子がいたが、6歳の時、切れた電線に触れて感電し、失神して水たまりに倒れて溺死してしまった。父フリッツはその悲しみをぶつけるような容赦ない試合ぶりで恐れられた。

その後、フリッツは、ケヴィン、デヴィッド、ケリー、マイク、クリスという5人の息子をテキサスで育てた。彼らは思春期の頃から毎日3時間以上レスリングの特訓を受け続けた。逆さにぶら下げられた状態で格闘するというトレーニングもあったという。それ、マンガ『タイガーマスク』のレスラー養成所「虎の穴」じゃん！

彼らは高校ではスポーツ選手として活躍し、学業も優秀で、大学への奨学金も獲得したが、進学しなかった。高校を卒業するとプロレスラーになった。

「父は『プロレスラーになれ』とは言わなかった」とケヴィンは言うが、朝から晩までレスリングばかりで育てられたので、他の選択肢は考えられなかった。何よりも息子たちは、父に愛されたかった。

フォン・エリック兄弟は強面の父と違って若くハンサムで、ロックスターのようだった。それまでプロレスに縁がなかったティーンの女の子が試合会場に押し寄せた。テキサスのプロモーターでもある父フリッツは莫大な利益を得た。

だが、プロレスラーの生活は過酷だ。連日の試合で悲鳴をあげ続ける関節や筋肉の痛みを鎮痛薬で抑え込む。彼らはギリシア彫刻のような筋肉を維持するため、ステロイドも注射していた。そして試合で勇気を出すためのコカイン……。

苦労の甲斐あって、1984年5月、ついにデヴィッドが世界チャンピオンのリック・フレアーに挑戦することになった。ところがその数カ月前にデヴィッドは東京のホテルで急死してしまう。これは日本でも大きなニュースになった。急性腸炎と報じられたが、実際の死因は今でも論議されている。まだ25歳だった彼の体はボロボロだったらしい。

悲しみに沈むフォン・エリック兄弟。ところが親父はすぐに代わりにケリーをチャンピオンに挑戦させた。弔い合戦だ！　会場のテキサス・スタジアムには4万の観衆が集まった。我が子の死を客寄せに利用して儲けるなんて！

ケリーはチャンピオンになったが、バイクでパトカーと衝突する大事故で片足首を負傷する。ところが全治する前に試合に出て傷を悪化させ、切断する羽目になる。驚いたことに、フォン・エリック家はケリーの足切断を隠して義足の上にレスリングシューズをはかせて試合に出し続けた。

## ☆「これ以上の悲劇に……」☆

5番目の息子マイクは高2の時に肩を怪我したのでプロレスをあきらめて、ミュージシャンを目指した。だが、デヴィッドの穴を埋めるためにプロレス界入りすることになった。心配されたとおり、試合中に肩を脱臼し手術した。その手術中、TSS（バクテリア増殖によるショック症状）で危篤状態になった。

命はとりとめたものの、全身に後遺症が残り、話すことも歩くことも困難になった。プロレスなどできるはずもなく、マイクは睡眠薬プラシジルに溺れ、1987年、過剰摂取で死亡した。

片足でレスラーを続けたケリーは足の

痛みに苦しみ、鎮痛剤の中毒になり、何度もリハビリ施設に入院したが、治らなかった。1993年、コカイン所持で逮捕されたケリーは、刑務所に行くのを恐れて、父の農場で44マグナム拳銃で自分の胸を撃ちぬいて死んだ。33歳だった。

末っ子のクリスは1969年生まれ。身長165センチで、プロレスラーには小さく、また喘息持ちでもあったが、兄弟の誰よりもプロレスラーにあこがれていた。背が高くなるよう成長ホルモンも使ってついに試合に出たが、両腕を骨折してしまった。長年、使っていた喘息の薬のせいで骨粗鬆症になっていたのだ。1991年、クリスも農場で拳銃で頭を撃ちぬいて自殺した。

映画『アイアンクロー』にはクリスは登場せず、亡くなる兄弟は5人から4人に減らされた。監督のショーン・ダーキンは「これ以上の悲劇に観客は耐えられないだろうと思って」と言っている。

ケヴィンは試合中、鉄柱に頭をぶつけて脳震盪になり……1995年にプロレスを引退した。家族を連れてハワイに移住して、父親の呪縛から逃れた。

「父は僕たちを愛していたとは思います」とケヴィンは言うが、愛し方が間違っていた。フリッツは息子たちを自分の兵隊のように扱った。妻はフリッツと離婚して、ケヴィンと同居した。何もかも失ったフリッツは一人寂しく死んでいった。呪いは終わった。

ケヴィンには4人の子供と11人の孫がいる。そのうち数人がプロレスラーになったが、まだ、誰も死んでいない。

# 「第3のハリウッド」ニューメキシコ州で撮られた格差の呪いと極小ペニス

2024年2月8日号

先日、オッペンハイマーの足跡を追って、彼が原爆を開発した地であるニューメキシコ州を訪ねたが、現在、ニューメキシコ最大の都市アルバカーキは「第3のハリウッド」と呼ばれているそうだ。

「第2のハリウッド」はジョージア州アトランタで、マーヴェルの映画のほとんどがアトランタで撮られている。州が映画製作を誘致するために税優遇措置をとり、警察がカーチェイスや爆発シーンに積極的に協力するからだ。ニューヨークやロサンジェルスが舞台の映画も、実際はアトランタで撮影されていることが多い。

ニューメキシコは西部の荒野だが、撮

影できるのは西部劇だけじゃなく、巨大なスタジオを作って、そこにニューヨークやロサンジェルスに見える都会のセットも組んでいる。ただ、問題はエキストラだ。

「住民の多くが先住民やメキシコ系だから、群衆シーンで黒人や東アジア系が足りなくて、ニューヨークやロサンジェルスに見えないんだよね」と、地元の映画関係者に言われた。「君もニューメキシコに引っ越さない？　エキストラの仕事がいっぱいあるよ」

うーん。日本や中国、韓国の食材が手に入りにくいからなー。

ニューメキシコ・ロケで最も成功したのはテレビ・ドラマ『ブレイキング・バッド』。アルバカーキの高校の化学教師がガンを宣告され、家族に遺産を残すため、覚せい剤を密造したら、品質が良すぎて地元のギャングたちと抗争になっていくというノワール。『ブレイキング・バッド』の悪徳弁護士を主役にしたスピンオフ・シリーズ『ベター・コール・ソウル』も大ヒットした。

去年は『ザ・カース（呪い）』がニューメキシコ・ロケで話題を呼んだ。脚本・監督・主演はコメディアンのネイサン・フィールダー。ネイサンは今まで奇妙なテレビ番組ばかり作ってきた。例えば『ザ・リハーサル』では、子どもを産んでみたいという女性のために、結婚、妊娠、出産、子育ての20年間を巨大セットまで組んで予行演習してみせた。

今回の『ザ・カース』も超奇妙なテレビ番組だ。完全なドラマ作品で、ネイサンが演じる主人公アッシャーは妻ホイットニー（エマ・ストーン！）と二人でニューメキシコにパッシヴ・ハウスを作っている。

パッシヴ・ハウスとは環境への影響を極限まで抑えた住居で、具体的には断熱材を壁や天井、床に敷き詰めて、外部の気温から室内を遮断する。つまりワインセラーのように室内を一定の温度に保つことで、冷暖房が必要なくなる。気候変動で夏は猛暑、冬は極寒になった現在、パッシヴ・ハウスの普及が求められている。

アッシャーとホイットニーは、貧困層の家をパッシヴ・ハウスにリフォームしてあげる番組を企画し、テレビ局に売り込もうとしている。『大改造!! 劇的ビフォーアフター』みたいなリフォーム番組はアメリカにも多く、ホーム・フリッピング（家の改築）・ショーと呼ばれるのだが、貧しい人々の家を無料で直してあげる慈善事業的要素が強い。ホイットニーは自分の番組を『フリップランソロピー』と名付ける。フリップ（改築）とフィランソロピー（慈善）の合成だ。

「素晴らしい番組ですね」地元のテレビ局のレポーターは、ホイットニーにインタビューして言う。「でも、あなたのご両親はスラムロードですよね？」

スラムロードとは「スラム（貧民街）のランドロード（大家）」。値段の安い貧困地区のアパートを買い取って、家賃を上げて住民を追い出し、改築して高く転売する、金儲けしか考えてない大家をそう呼ぶ。

「言いがかりだ！」アッシャーはレポーターにキレる。「僕らは貧しい人たちのことを思ってやってんだ！」

## ☆「呪ってやる」☆

アッシャーはインタビューの後、駐車場で物乞いする黒人の少女を見る。小銭をあげようとして財布を開くが、あいにく100ドル札しかない。しかたなく100ドルをいったん少女に渡すが、すぐにもったいなくなって、「ごめん！」と言いながら、少女の手から100ドルを無理やり奪い返してしまう！

100ドルを取られた少女はアッシャーを睨んでうなる。

「呪ってやる」

このドラマのタイトルだ。ネイサン・フィールダーはロサンジェルスの路上でホームレスから同じように「呪ってやる」と言われて、このドラマを書いたという。この「呪い」は、格差が広がり続ける今の社会で、富裕層が常に感じている罪悪感を意味しているのだろう。

アッシャーはその呪いを解こうとして少女を探すが見つからない。どんな呪いがふりかかるのか。怯えているうちに、妻が子宮外妊娠と診断される。我が子が危ない。するとアッシャーは突然、重力から解き放たれて、なんと、青空を突き抜けて大気圏外、宇宙へと消えていく！

どうなってんの？　この最終回は大論争を巻き起こした。一説によれば、アッシャーは呪いで我が子が死ぬ代わりに、自分がそれを引き受けて宇宙に消えたのだという。

なお、アッシャーはペニスが小さすぎて奥さんを満足させられないのだが、演じるネイサン・フィールダーが実際に自分のマイクロ・ペニスを見せるので驚いた。ケーブルＴＶだから何でも見せられるとはいえ、見せる必要ある？　これについてもネットで論争が巻き起こった。「あんなに恥ずかしいモノを見せてしまうネイサンはすごい映画作家だ」「いくらなんでも小さすぎる。あれはニセ物に違いない」「セックスの良し悪しはサイズと関係ない」……ホントに変なドラマ！

# 大統領予備選スタート!
# ニューハンプシャーでトランプと握手して帽子をほめられた!

2024年2月15日号

今年のアメリカの大統領選挙はバイデン対トランプのリターンマッチというみんなウンザリなことになりそうだが、各党の候補を決める予備選が始まった。

通常はまずアイオワ州、次にニューハンプシャー州で行われる。ところが今年、民主党全国委員会（党執行部）は、アイオワでもニューハンプシャーでも予備選をしないと決めた。どちらも人口の大半が白人だから、もっと人種的な多様性のあるサウス・カロライナから予備選を始めるというのだ。

本当の理由は違う。バイデンは2020年の予備選ではアイオワで4位、ニューハンプシャーで5位と惨敗し、初めて1位を取れたのがサウス・カロライナだったからだ。

しかしニューハンプシャー州は民主党に逆らって1月23日に予備選を行った。バイデンの名前を投票用紙に載せないまま。あわてた民主党はバイデンの名前を手書きで書き込むよう指示した。

これは面白そうだ。筆者は予備選2日前のニューハンプシャーを訪れた。

アメリカの北東の端で、着いた日には氷点下12度。面積2万4000平方キロメートル（新潟と秋田を足したくらい）。産業は酪農、漁業、リンゴ。人口140万人、共和党と民主党の支持者数が拮抗する。ここが100年以上、予備選のスタート地点であり続けたのは、党派性から自由な判断をする州だからだ。Live Free or Die（自由に生きられないなら死を選ぶ）。ニューハンプシャーの自動車のナンバーには、独立革命の猛将、ジョン・スタークの言葉が刻印されている。

ニューハンプシャーはオバマを大統領にした州だ。2008年のニューハンプシャー予備選で、無名の若手上院議員だったオバマはヒラリー・クリントンに得票率3%弱の差で迫り、「オバマって誰？」と注目され、最終的に大統領の座をつかんだ。州内を駆けまわって有権者一人一人と語り合ったのが勝因だった。小さな州だから直接民主制が残っている。

筆者が最初に覗いたのは、マンチェスター市の高校の体育館で開かれた共和党のニッキー・ヘイリー候補（52歳）の集会。共和党内では50%以上の支持率を誇るトランプ前大統領の前に候補者たちは次々と膝を屈し、残る挑戦者はヘイリーのみ。彼女をバックアップするのは共和党主流派を支援してきた大富豪コーク兄弟。ニューハンプシャー予備選でヘイリー陣営は宣伝費にトランプ陣営の倍の2860万ドル以上使っている。苛立つトランプはヘイリーをわざとインド名の「ニマラータ」と呼び、「インドで生まれたから大統領になる資格がない」と、オバマに対して言ったのと同じ嘘で攻撃。さらには自分が扇動した暴徒が連邦議会に乱入したのはヘイリーが議会の警備を怠ったからだと言い出した。事件当時の下院議長のナンシー・ペロシと間違えているのだ。

「トランプはデタラメばかり。ボケてるとしか思えません」ヘイリーは集会で肩をすくめた。「77歳のトランプや81歳のバイデンに国の舵取りを任せていいのでしょうか？」

「私たち高齢者に敬意がないの！」

会場から老人の声が飛んだ。

「安全保障の問題ですよ」ヘイリーが答えた。つまり戦争になったらどうするのだと。

「世代交代が必要なんです」と訴えるのは、民主党の政治家で唯一バイデンに挑戦するディーン・フィリップス下院議員（55歳）。

筆者は、ロチェスター市で開かれた彼の集会も取材した。ディーン・フィリップス候補はミネソタのウィスキー会社の息子でユダヤ系。自分の閣僚にはイーロン・マスクやビル・アックマンなどの大富豪を登用したいなどとトンチンカンなことも言う民主党の反主流派。だから党に逆らって出馬したわけだ。

「民主党も共和党も関係ありません。私はトランプ支持者とも対話します。彼らだって有権者なんです」

## ☆ 開票結果は… ☆

もちろんそうだ。翌日、筆者はラコニアという湖畔のリゾートのホテルで開かれるトランプの集会で、寒空の下、行列している人々に声をかけた。

「朝の10時から並んでる。トランプの演説があるのは夜の9時だけどな」と言うのは列の先頭にいたエドワードさん。ニュージャージーから来ていた。「全米で17のトランプの集会に参加したよ」

じゃあ、2021年1月6日の議会襲撃も？

「ああ、そこにいた。でも、議会には乱入しなかった。悪い予感がしたんでね」

「私は入っちゃったわよ！」とミネソタ

から来たシンディさん（二人とも60代）。

「裁判中だけど有罪になれば4年の刑よ！」

それでもトランプ支持なの？

「彼は、グローバリストの世界征服からアメリカを救うために神がつかわした戦士なのよ！」

そんな信者を11時間も待たせてやっと登場したトランプは「バイデン政権が続けば地獄になるぞ」と低く重い声で呪文のように何度も繰り返した。でも、帰り際に筆者がかぶった星条旗の毛糸帽を指さして「いい帽子だね！」って褒めてくれたけどね。

翌日の投票日。雪の降る投票所前にはマーク・スチュワート・グリーンスタインという聞いたこともない民主党の候補が座っていた。

「バイデン以外の選択肢を示したいんだ。ニューハンプシャーは供託金わずか1000ドルで誰でも立候補できるからね。それが民主主義さ。日本はどう？」

開票結果はトランプ（得票率約54％）とバイデン（約64％）が勝利。しかしニッキーは約43％とトランプに約11％差にまで迫って善戦。ディーン・フィリップスは約19％の票を獲得。グリーンスタイン候補は133票だった。

# 経済効果57億ドルのテイラー・スウィフトにトランピストたちはイライラ

2024年2月22日号

1月28日、全米プロフットボールNFLのプレーオフでカンザスシティ・チーフスはボルチモア・レイブンズを17対10で破った。

フィールドで勝利を喜ぶチーフスのタイトエンド、トラヴィス・ケルス選手に、テイラー・スウィフトが駆けつけてキスした。二人は昨年10月に交際を公表した。

ナッシュヴィルのカントリー歌手だったテイラーは都会に出て垢ぬけて、ジャンルを超える世界的ポップ・スターに成長し、ジョン・メイヤーやハリー・スタイルズなど数えきれないイケメンたちと華々しいロマンスを繰り広げてきたが、みんなチャラ男ばかりで真実の愛はなく、結局、田舎に帰って素朴なスポーツマンと結ばれる……おお、まるで一昔前の典型的ハリウッド・ロマコメ！

2月11日、ラスベガスのスーパーボウルで、チーフスはサンフランシスコ・49ersと頂上決戦し、東京でライブを終えたばかりのテイラーは13時間飛んで駆けつけるのだろう。全米がNFLとテイラーの「コラボ」に熱狂している。

それがトランプ信者たちをイライラさせている。テイラー・スウィフトはかつて白人至上主義者たちのアイドルで、彼女にナチの制服を着せたコラージュが作られ、「テイラーは隠れトランプ」という噂が広がった。しかし、2018年の中間選挙でテイラーはトランピストの上院議員候補マーシャ・ブラックバーンを落選させましょう、とファンに呼びかけた。ブラックバーンは女性に対する暴力禁止法に反対したり、女性の権利を守らない議員だったからだが、それ以来、トランピストはテイラーを敵認定している。

「今年のスーパーボウルではどっちが勝つかな？」プレーオフ直後、熱烈なトランプ信者で投資家のヴィヴェク・ラマスワミーがツイート。「この文化的に人工的に作られたカップルはこの秋にどの大統領候補に支持表明するかな？」

これはテイラー＆トラヴィスについての陰謀論を促す犬笛だ。これを受けてトランピストの右翼ラジオ司会者マイク・クリスピーは、こんな理論をツイートした。

「NFLの勝敗もチーフスとテイラーとトラヴィスのために作られたものだ。民主党のプロパガンダのために。チーフスはスーパーボウルに進出し、テイラーとトラヴィスは大統領選でのバイデン支持を表明す

るだろう」

　トランピストのテイラー・スウィフトに対する陰謀論は、彼女が去年9月にファンに有権者登録を呼びかけ（これで登録者は3万5000人増えた）てから、膨らみ始めていた。1月9日、共和党の御用メディアFOXニュースで司会のジェシー・ワッタースはこう言った。

「4年前、NATO（北大西洋条約機構）のサイバー防衛センターの会議で、アメリカ国防総省の心理戦担当者は、ネットでのデマ対策にテイラー・スウィフトを使えないかと提案した」

　それは、ネットに蔓延するデマや陰謀論を打ち消すにはテイラー・スウィフトのような影響力の大きなセレブの助けが必要だ、という話なのだが、陰謀論者たちは「アメリカ政府がプロパガンダの兵器としてテイラー・スウィフトを使っている」と曲解してしまった。

それで彼らがテイラーを攻撃するために始めたかどうかは不明だが、その後、ＡＩで生成された彼女のディープフェイクのエロ画像が急激にネットにあふれた。

驚くのはこれに対する政治家の動きの速さだ。1月30日、連邦上院議会で、テイラーのポルノのような「デジタル偽造品」に描かれた被害者は、作成した者だけでなく、それを受け取った者にも民事罰を求めることができるという法案を提出した。法案には民主党だけでなく共和党の議員も名を連ねていた。テイラー・スウィフトは国政を動かす存在なのだ。

## ☆ 日本円で8300億円！ ☆

テイラー・スウィフトの経済効果は経済学者などからスウィフトノミクスと呼ばれるほど巨大だ。

彼女は去年から世界ツアーを行い、すでに1億ドルの収益を上げ、ツアーのスタッフに莫大なボーナスが支払われた。たとえば機材を運ぶトラック運転手には10万ドルだったという。

それだけではない。たとえばスウィフティーズ（テイラーのファン）が1回のコンサートにつき消費する額は、チケット、グッズ、交通費、ホテル、食事、ファッションなど合計すると1人1300ドルだと推定されている。そこからマーケティング会社が計算した経済効果は全米ツアー合計で57億ドル。日本円で8300億円！

テイラーとトラヴィスの関係も、アメフトに興味の無かった女性たちに強くアピールし、NFLにとって3億3150万ドル相当のパブリシティ効果があったと計算されている。

TIME誌が去年のパーソン・オブ・ザ・イヤーにテイラー・スウィフトを選んだのも納得せざるを得ない。

あまりのテイラー・スウィフト人気に、極右テレビ局ニュースマックスの司会グレッグ・ケリーはパニクって叫んだ。「いいですか？　テイラー・スウィフトはアイドルですよ！　聖書では十戒で神は偶像（アイドル）崇拝を禁じてるんですよ！」

でも、実はテイラー・スウィフトは一度、トランプに負けている。彼女が落選運動していたブラックバーン候補はトランプの支持で勝利した。この敗北でテイラーが打ちのめされる姿はドキュメンタリー映画『ミス・アメリカーナ』に記録されている。しかし、その日のうちに彼女はこんな歌を書いた。

「今は負けたけど、私は戦いを続ける。ついてくるのは誰？」

# WWEの帝王にして最強のエロ悪役ヴィンス・マクマホンはガチでエロ悪党だった!

2024年2月29日号

世界最大のプロレス団体、WWEの帝王、ヴィンス・マクマホン(78歳)が性加害で追及されている。

ヴィンスは1982年に父からアメリカ北東部ローカルのプロレス団体だったWWFを買収し、全世界規模のエンターテインメント企業に成長させた。

現在、WWEの企業価値はおよそ210億ドル。去年、WWEは総合格闘技団体UFCと合併してTKOという会社になり、ヴィンスはその取締役に就任。さらにWWEはNetflixと配信契約を結んだが、その額は10年間で50億ドル! ヴィンス自身の純資産は30億ドル前後と推定されている。

ところが今年1月26日、ヴィンスはそ

のＴＫＯの取締役を辞任した。理由は、その前日、元ＷＷＥ従業員のジャネル・グラントさん（43歳）がヴィンスとＷＷＥを性的暴行と性的人身売買で告訴したからだという。訴えによれば、２０１９年、生活に困窮していた彼女を、ヴィンスは金で操り、自分だけでなく、ＷＷＥの社員たちとセックスさせ、レスラーへの性接待も命じたという。

グラントさんは証拠としてヴィンスのこんなＥメールを保存している。

「君をどん底まで落としたい。『もっと落として』と懇願するところまで」

プロレス・ファンは複雑な気持ちだろう。なぜなら、ヴィンスはずっと、こんなメールを書きそうな、最低にして最強の悪役としてリングに君臨してきたからだ。

ＷＷＥが社会現象的な人気を集めた１９９０年代終わり、最大の悪役はオーナーであるヴィンス・マクマホン自身だった。自分の言うことをきかないレスラーをあらゆる汚い手段（自動車ではねる等）で潰す、最悪の経営者だった。彼に逆らったレスラーはストーンコールドことスティーヴ・オースティン。ヴィンスに拳銃を突きつけてオシッコ漏らさせたこともあったが（それ、プロレスか？）、この労働闘争は圧倒的に不利だ。なにしろレフェリーは全員、マクマホンに雇われているから。ヴィンス側のレスラーはどんな反則もやりたい放題。これは理不尽だとレスラーが怒るとヴィンスはこう叫ぶ。

You're Fired（貴様はクビだ）！

もちろん全部シナリオに書かれた芝居なのだが、まんざら芝居とも言い切れない。

1997年11月9日、当時のWWEの大スター、ブレット・ハートがライバル団体WCWに移籍することになった。彼はWWE最後の試合を勝利で飾りたいとヴィンスに頼み、承諾された。WWEのプロレスの勝敗はこうして事前に決まっている。

しかし、その日は違った。ブレット・ハートが相手に関節技をかけられると、レフェリーはすぐにハートの負けを宣告した。ギブアップしてないのに！

ハメやがったな！　ハートは芝居でなく本当に怒ってヴィンスに唾を吐きかけた。ヴィンスの卑劣さの一部始終はテレビでも放送された。

その悪名をヴィンスは最大限に利用した。自ら悪役レスラーとしてリングに上がったのだ。身長188センチ、体重112キロで筋骨隆々のヴィンスは、普通の人が食らったら即死するだろう危険な技を見事なバンプ（受け身）で受けてみせた。パイプ椅子で殴られて出血するのは当たり前、脚立からのダイビングアタックも受けきって、観客のリスペクトを勝ち得た。

## ☆トランプ発言の元ネタにも…☆

WWEの元女性レフェリーがヴィンスにレイプされたと訴えると、彼はそれさえシナリオに盛り込んだ。権力を使って金髪巨乳の女子レスラーたちを次々に愛人にして、彼女たちとベロベロのディープキスをするのを妻リンダに見せつけ、飽きると冷たく捨てた。リング上で元愛人にモップを洗ったバケツの汚水を

かけたこともあった。
そんな父親に愛娘ステファニーもつい に立ち向かった。娘の結婚式の前夜に父娘デスマッチ！　ヴィンスは容赦なく、鉛のパイプで明日の花嫁を滅多打ちにし、首を締めあげてKO、その勢いで娘のセコンドについた妻リンダにまでボディスラム！
神をも畏れぬヴィンスは2006年、なんと神とリングで対決（神は見えないのでスポットライトで表現）。しかもヴィンスが勝ってしまった！　自己申告にすぎないが、とにかく社長だから何でも言えるのだ！
無敵のヴィンスに綻びが見えたのは2022年7月、ウォール・ストリート・ジャーナル紙によれば、WWEは、ヴィンスが性関係を持ったり、それを強制した女性たちに、過去16年間で1460万ドルを支払ったと認めた。そのなかには、ヴィンスからオーラルセックスを求められて拒否したからクビにされた元女子レスラーに支払う750万ドルが含まれていた。

2006年1月にフロリダの日焼けサロンで従業員の女性をレイプしようとした事件も掘り起こされた。彼女はその場で警察に通報し、記録が残っている。また、ジャネル・グラントさんの訴状には、ヴィンスが彼女と3P中に彼女の頭に脱糞したとも書かれている……。

ドナルド・トランプはヴィンスの盟友で、ヴィンスに大きな影響を受け、ヴィンスの決めゼリフ「貴様はクビだ！」を借りて使っていたこともある。トランプも90年代にしたレイプが民事裁判で事実と認められ、500万ドルの賠償（後に8300万ドル加算）の支払い命令を受けた。問題はそれでも今年の大統領選に勝ちそうだってこと。まったく、かつてヴィンスがリングから観客に毒づいたとおりだよ。

Life sucks, and then you die（この世はクソだ。そう言って、みんな死んでいくのさ）！

# 1億人が観る
# スーパーボウル
# 30秒700万ドルの
# バカなCMとは?

2024年3月7日号

1億人が視聴するといわれるアメリカ最大のイベント、スーパーボウルが今年も行われた。

といっても、今回は生では観てない。飛行機の中だったので。

いや、自分が住むサンフランシスコとハワイ島との往復が260ドルという破格のバーゲンを見つけたんで。ハワイ島は初めてだけどよかったー。海でオニイトマキエイと遊んだり、標高4200メートルのマウナケア山頂ツアーに参加したり。実は高山病でクラクラだったけど。

そのツアーのガイドさんが客に質問した。「いよいよスーパーボウルですねー。サンフランシスコ・49ersとカンザスシティ・チーフスの頂上決戦ですが、皆さんはどっちを応援しますか¿」

客の一人が迷わず「テイラー・スウィフト！」

アメフトに全然興味ない人でも今回のスーパーボウルで盛り上がってる話題は、チーフスのタイトエンドであるトラヴィス・ケルス選手とつきあってるテイラー・スウィフトがラスベガスの会場に現れるかどうか。というのもテイラーは前日まで東京でコンサートやってるから。

もちろん自家用ジェットで日本からすっ飛んできたテイラーはちゃんとＶＩＰ席に現れた。そして、ビールを一気飲みして「カーッ」とオヤジみたいに空のコップをテーブルに叩きつける姿が、試合のタッチダウンよりも注目を浴びた。

とはいえ、いつもスーパーボウルで話題になるのは試合よりもハーフタイムのショーとコマーシャル。1億人が観るＣＭは30秒７００万ドル（現在10億円以上！）というアメリカのテレビＣＭでも最高の金額なので、ＣＭそれ自体もハリウッド映画並みの製作費で大作ぶりを競い合う。

たとえば保険会社ステートファームのＣＭ。アーノルド・シュワルツェネッガーがヘリコプターで事故現場に駆け付け、燃え盛る家から人を助け出すというＣＭの撮影で、シュワちゃんは今もオーストリア訛りが直らず、隣人neighborが発音できずにNeighbaaaと発音してＮＧを出すという話。

ＢＭＷのＣＭもこれに似てて、クリストファー・ウォーケンが行く先々でウォーケン独特の話し方（エンジョイの「エン」、キュートの「キュー」をやたら強く発音する）をマネされてウンザリする。

携帯電話サービスのヴェライゾンのCMはビヨンセが自分のバズりパワーでヴェライゾンのインターネットをダウンさせようとしてAIビヨンセを開発したり、大統領になったり、ロケットで地球を飛び出して宇宙でライブをやったりする。これなんか製作費は間違いなく数百万ドルかかってるだろう。

ところが、今回、最も注目を浴びたCMの製作費は、おそらくゼロ。イエ（改名した）ことカニエ・ウェストのCMだった。

夜道を走る自動車のおそらく後部座席に座ったカニエが携帯で自撮りしただけの映像。テレビなのに縦撮りでカニエはこう言う。

「ヘイ、みんな、イエだよ。これは僕のコマーシャル。コマーシャルの枠を買うのにお金を全部使っちゃったから、コマーシャルの製作費が残ってないんだよ。でも、言いたいのは、僕のウェブサイトyeezy.comを見てほしいってことだけ」

反ユダヤ発言でアディダスとの契約を切られたカニエは自分のサイトで自作のグッズを売っているのだ。「靴とか売ってるんだよ。それと……えーーと……えーーと……それだけ!」

このチープさ!「……えーーと……」と考えるカニエ(46歳)の素人くささ! これが超大作ばかりのスーパーボウルCMのなかではいちばん目立った。カニエによると、放送から3日で彼のサイトのグッズの売り上げは1500万ドルを突破したという。

で、今回のスーパーボウルでいちばん評判が悪かったのは「このお父さんたちを家に帰して」というCMだった。父親が幼い子供たちと遊ぶホームビデオの映像にナレーション。「この父親たちは今もハマスの人質になっているのです。彼らを奪還しましょう」

これはガザ地区に捕らえられたイスラエル人の人質130人の救出を訴えるCMだが、広告主はイスラエル政府。このスーパーボウルの試合中、イスラエル軍はガザのラファ市への攻撃を開始した。

ガザ地区はイスラエルの地中海沿岸の南端部に接する地域で、東京23区の6割くらいしかない面積にパレスチナ人200万人近くが住んでいた。10月以来、イスラエルはこのガザ地区の北部の住居から病院、学校まで徹底的に破壊し、南部への避難を勧告した。おかげで現在、南端のラファ市には135万人もの難民がひしめいている。

そこをイスラエル軍が攻撃したのだ。逃げ場はない。ナチスがユダヤ人をアウシュヴィッツのガス室に追い込んで殺したのと変わらない。虐殺だ。

それを正当化しようというのがスーパーボウルのCMだったのだ。パレスチナ側には700万ドルものCM料は払えないのだから、まったく不公平だ。

スーパーボウルで優勝したチーフスは本拠地カンザス・シティに凱旋した。パレードに集まった数万人の群衆に無差別に銃弾が浴びせられ、1人が死亡、20人以上が重軽傷を負った。犯人の動機はまだ不明だが、これより百倍ひどい地獄がガザでは120日続いている。

「カンザス州民の皆さん、スーパーボウル優勝おめでとう！」

大統領候補のトランプ前大統領は自分で経営するSNS「トゥルース（真実）」にそう書き込んで顰蹙を買った。現在77歳のトランプはチーフスの本拠地があるのはカンザス州ではなくミズーリ州だと知らなかったのだ。

# チャーリー・ブラウンの黒人の友達フランクリンはなぜ生まれたか

2024年3月14日号

何をやってもダメな小学生チャーリー・ブラウン、何をやらせてもカッコいい飼い犬スヌーピー、それに彼らの友達を描くマンガ『ピーナッツ』は、1950年に新聞連載が始まり、何度もアニメ化されてきた。その新作『おかえり、フランクリン』が先日、アップルTV+から世界配信された。これはピーナッツで初のアフリカ系キャラクター、フランクリンを主役にした初めての作品だ。

フランクリンがチャーリー・ブラウンの住む町にやってくるところから始まる。彼の父親は軍人なので転勤が多く、引っ越しばかりでフランクリンには友達ができなかった。この町でも無理そうだった。

フランクリンは、アイスクリーム屋さんの前に集まる近所の子どもたちを見てつぶやく。

「多様性が足りないね」

どの子のアイスクリームもバニラで、みんな白人だったから。

チャーリー・ブラウンの友達が白人ばかりなのは、原作者チャールズ・シュルツ（1922年生まれ）が育ったミネソタがそうだったから。シュルツはドイツ移民の孫で、まわりは北欧系移民ばかりだった。

『ピーナッツ』が全米で千の新聞に掲載され、数千万人の読者を持つ国民的マンガになっていた1968年4月15日、シュルツのもとにロサンジェルスに住む小学校の先生、ハリエット・グリックマンから一通の手紙が届いた。それは黒人の権利のために戦ったマーティン・ルーサー・キング牧師が何者かに暗殺されてから11日後だった。

「変化を起こしてほしいんです」

手紙にはそう書かれていた。誰もが読んでいる『ピーナッツ』に黒人の子どもを出して欲しいと。

「黒人におもねっていると思われないだろうか」

シュルツは返事を書き、二人の文通が始まった。

キング牧師暗殺から4カ月後の7月31日、フランクリンが登場した。砂浜でチャーリー・ブラウンが、兄をバカにしている妹のサリーに投げ捨てられたビーチボールを、フランクリンが拾ってあげる。その出会いのシーンは、56年後のアニメ『おかえり、フランクリン』でもそのまま描かれている。

フランクリン登場は論争を呼んだ。シュルツによると南部から来た手紙にはこう書かれていたという。「黒人を出すのは許そう。でも、学校の教室で白人と並んで席につく描写はやめてくれ」

南北戦争後も南部では人種隔離政策が続き、白人と黒人の公立学校は分離されていた。１９５４年、連邦最高裁はそれを憲法違反とし、学校の統合が始まったが、白人の親たちは学校前にピケを張って黒人生徒の登校を妨害した。連邦政府は軍を出動させて登校する生徒を守ったが、白人たちは黒人のいない学校を求めて郊外に引っ越した。

白人たちの嫌悪を気にしたシュルツは、ピーナッツの子どもたちがテーブルにつく場面で、フランクリンの隣に座る白人の子どもを描くことができなかった。フランクリンが一人寂しく座る絵は、また論議を呼んだ。

『おかえり、フランクリン』で、白人ばかりの町に越してきたフランクリンに友達はチャーリー以外になかなかできない。そんな時、ソープボックス・カー・レースが開かれる。もともと昔の洗濯用石鹸を入れた木製の箱を改造した子ども用の車のことだが、今は動力がなくて坂を下るだけの自作の車はみんなソープボックス・カーと呼ぶ。

## ☆ アメリカ人は勝者が好き？ ☆

優勝者はピザ食べ放題ということで、子どもたちはみんなチームを組む。意地悪ルーシーは片思いして

るピアノ少年シュローダーと。男の子みたいなペパーミント・パティは相棒のメガネ少女マーシーと。

でも、チャーリーはいつもドジばかりだから、組んでくれる子がいない。フランクリンは「僕と組もうよ！」と手を出し、チャーリーはそれをがっちり握る。チャーリーのいいところは差別しないところ。いつも不潔で泥んこで埃の煙をたなびかせている子、ピッグペン（豚小屋という意味！）の手だって握るよ。

「フランクリンが出るのはうれしかったけど、全然セリフないんだよ！」

黒人コメディアンのクリス・ロックはよく文句を言っていた。実際はセリフはあるんだけど、確かに少ない。出番も少ない。映画やドラマでは、多様性のアリバイのために登場させた、あまり重要でない黒人キャラクターを「トークン」と呼ぶ。フランクリンはよく「トークン」だと批判された。

でも、『おかえり、フランクリン』のフランクリンは違う。ドラマの主役だ。

「アメリカ人は勝者が好きだから。レースに勝てば友達ができるはずだ」

そう考えたフランクリンはものすごく真剣に車作りに取り組む。作りながら、チャーリーにいろんなブラック・カルチャーを教えてあげる。最初の大リーグ選手ジャッキー・ロビンソン、ジョン・コルトレーン、スティーヴィー・ワンダー、ジェームス・ブラウン……。『セックス・マシーン』はさすがに聴かせないけど。

フランクリンはどうしても勝ちたいと焦ってチャーリーとケンカにもなるが、本番ではぶっちぎりでトップを独走。しかし、事故から他のみんなを救うために愛車を犠牲にして、結局、ビリになってしまう。

そんなフランクリンをピーナッツのみんなは勝者よりも讃えた。フランクリンに初めて多くの友達ができた。「おかえり」は英語でWelcome home。迎えてくれる人がいる場所がホームなんだ。

そしてフランクリンたちはみんな一緒にピザを食べた。隣同士に並んで。そのピザ、ピッグペンが手渡してくれたけど、お腹こわさないといいね！

# ガザ攻撃に抗議してミシガンで民主党に「支持者なし」が10万票

2024年3月21日号

まだ子供で　いろんな事が
よく　わからないような頃に
教えられた正義のイメージは何なんだ
あと何年経ったら世界は平和に

近田春夫さん結成のビブラストーンが1991年に発表した「人間バーベキュー」は、1960年代にベトナム戦争に反対する大人たちを見ていた思い出から始まる。

テレビで観たニュースのイメージが
よみがえってきた
まだテレビがモノクロだった　夏だった
とにかく自分に関係なかった
だから感情移入できないんだ

## ☆ 人間バーベキュー ☆

「人間バーベキュー」とは、1963年6月11日、南ベトナムの首都サイゴンで焼身自殺した仏教僧、ティック・クァン・ドゥクさんのこと。当時の南ベトナムのゴ・ディン・ディエム大統領はカトリックで、仏教を激しく弾圧していた。ドゥクさんはアメリカ大使館前の路上で座禅を組み、ガソリンをかぶってマッチで火をつけた。彼が炎に包まれる姿はいくつかのカメラで撮影され、世界のニュースや新聞雑誌で取り上げられた。

この焼身自殺について「また、お坊さんのバーベキュー・ショーがあれば、拍手したいわ」とコメントしたのはマダム・ヌー。彼女は大統領の義妹で、ベトナムのファースト・レディと呼ばれていた。「お坊さんのバーベキュー」という共感性のカケラもない言葉は全世界で顰蹙を買った。

ドゥクさんの焼身自殺の目的は反戦ではなかったが、アメリカによるベトナム空爆が激化するにつれ、抗議としての焼身自殺が増えた。1965年には平和運動家のノーマン・モリソン氏が首都ワシントンの国防総省に入り、ベトナム戦争を始めた張本人である国防長官ロバート・マクナマラのオフィスの階下で焼身自殺した。ベトナムには彼に敬意を表した「モリソン通り」がある。

この記事を書いていて、1969年に日本でヒットした歌謡曲、新谷のり子の「フランシーヌの場合」を思い出した。

「人間バーベキュー」作詞・作曲：近田春夫
「フランシーヌの場合」作詞：いまいずみあきら　作曲：郷 伍郎

アーロンの場合は……
アイメークがギャル仕様
新谷のり子

フランシーヌの場合は
あまりにもおばかさん
フランシーヌの場合は
あまりにもさびしい
3月30日の日曜日
パリの朝に燃えたいのち　ひとつ

30歳の女性フランシーヌ・ルコントも焼身自殺した。アフリカのビアフラ戦争への抗議だった。独立したビアフラを仏、中国が、それを弾圧したナイジェリアをソ連、英が支援しての、代理戦争的な側面があった。

そして今年、また焼身自殺があった。

昨年10月から始まったイスラエル軍によ

るガザ攻撃に対する抗議だ。亡くなったパレスチナ人は2月までに約3万人。そのうち1万人以上が子どもである。

2月25日、日曜日午後1時、首都ワシントンのイスラエル大使館の門に、米空軍の制服を着た男性が歩み寄り、路上にスマホを置いて動画の生配信を始めた。

「私の名前はアーロン・ブッシュネル。アメリカ空軍の現役隊員ですが、大量虐殺に加担したくないのです。私はこれから過激な抗議行為を行おうとしています。でも、大したことではありません。植民地支配者の手によってパレスチナの人々が経験し、アメリカ政府が容認している苦しみに比べれば」

ブッシュネル氏はビンに入ったオイルかアルコールを自分にふりかけ、火をつけた。燃え上がりながら彼は叫んだ。「パレスチナを解放せよ!」

## ☆バイデンもトランプもイスラエル支持…☆

炎は大使館を警備するシークレット・サービス隊員の消火器で消し止められ、ブッシュネル氏は病院に運ばれたが、同日夜、死亡した。ブッシュネル氏は25歳、空軍のサイバー防衛の専門家で、自分の貯蓄をパレスチナ児童救済基金に寄付するという遺書を残していた。フェイスブックで、民主党のラシダ・タリーブ下院議員への支持を表明していた。

ラシダ・タリーブ議員は連邦議会で唯一のパレスチナ系。彼女の選挙区であるミシガン州デトロイトはアメリカで最大のアラブ系コミュニティがある。特にフォードの自動車工場があるディアボーンはリトル・パレスチナと呼ばれるほど、パレスチナ系住民が多い。そこで生まれ育ったタリーブ議員はバイデン大統領にガザ停戦を求め続けてきたが無視された。バイデンも民主党もトランプも共和党もイスラエル支持。どうしたらいい？

「ガザの子ども虐殺を支援するバイデン政権に反対なら『支持者なし』に投票を！」

2月27日にミシガン州で行われた民主党の大統領予備選で、タリーブ議員はそう呼びかけた。予備選の投票用紙にはUncommitted（支持したい候補者なし）という欄がある。そこにチェックして投票し、バイデンに反対の意思を示そうというのだ。

結果、「支持者なし」は10万票以上になり、バイデンの得票数は62万5０００票にとどまった。これに対して共和党のトランプの得票数は76万1０００票！　本選だったらトランプの圧倒的勝利だ。ミシガンはジョージア、アリゾナ、ペンシルヴェニアなどと並ぶ接戦州で、ここを落とすとバイデンの再選はない。バイデンは勝つためにイスラエル政策を見直さざるを得ないだろう。

今日もガザでは子どもたちが手や足や親や兄弟姉妹や命を失っている。でも、日本では国会議員までクルド人やアイヌや在日差別に夢中で、ガザはおろか能登の被災地すら眼中にない。

近田春夫さんは「人間バーベキュー」で歌っていた。「天国と地獄、どっちに行きたい？」

# もしトランプが勝ったら 政敵を粛清し ウクライナを滅ぼし 終身大統領に?

2024年3月28日号

3月5日(火曜日)は「スーパーチューズデイ」、共和党では全米15州で大統領予備選が行われ、ドナルド・トランプ前大統領が圧勝し、11月の本選でのバイデン大統領とのリターンマッチが確実になった。

現在、全米各州でトランプの支持率はバイデンを上回っており、このままだとトランプ再選は避けられない。

では、トランプは大統領に返り咲いたら何をするつもりなのか?

まずは復讐だ。

2月24日、メリーランド州で開かれた共和党右派の集会CPAC(保守政治活動会議)でトランプは「私の究極かつ絶対的な復讐」について演説した。「アメリカ人にとって、11月5日（大統領選挙）は新たな解放の日となるだろう。私たちの政府を乗っ取った嘘つき、詐欺師たちにとって審判の日となるのだ！」

「政府を乗っ取った嘘つき」とは、2020年の大統領選挙でトランプに勝ったバイデン以外にいない。トランプは票を盗まれたという根拠のない主張をし続けているので、今回の大統領選に勝ったら、バイデンを選挙不正で逮捕しないと整合性がなくなる。

また、トランプは連邦議会襲撃を扇動した件など合計91の罪で刑事告訴されているが、ワシントンポスト紙によると、トランプは自分を起訴した司法担当官たちを刑事告訴する準備をしているという。つまり現司法長官のメリック・ガーランドや特別検察官ジャック・スミス、FBI長官クリストファー・レイ、マンハッタン地区検事のアルビン・ブラッグなどだ。

「敵は司法省とFBIを武器にして私を攻撃している」トランプは2月ニューハンプシャーの集会でそう演説した。

「私も大統領になれば、奴らに同じことをしてやる」

そのため、トランプは司法省やFBIを自分に忠実なメンバーに入れ替えるつもりだ。2020年10月にトランプは政権末期に公務員5万人をトランプ支持者と交換しようとしていた。それを今度こそ実行するのだ。

「政府機関に寄生するコミュニスト、マルキシスト、レイシスト、極左凶悪犯を根絶するのだ！」

去年3月、ニューハンプシャーの集会でトランプは叫んだ。でも、政府に共産主義者がそんなにいるわけがない。彼の言う極左とはただのリベラルや民主党支持者で、彼の言う「レイシスト」とは「白人優位を批判する人」という意味である。

これはハッタリではない。公務員をトランプ信者に入れ替えるため、保守系シンクタンク「ヘリテージ財団」は、既に「2025年大統領移行プロジェクト人材データベース」で履歴書を集めている。

しかし、そんな大粛清が法的に可能なの？

第1期のトランプは憲法違反の大統領令を連発した。イスラム教国からの入国を禁止し、アメリカで生活している不法滞在者を捜索して検挙して強制収容所に放り込み、メキシコとの国境を越えて入国する不法移民を「迎え撃つ」ために軍隊を派遣する……。そのたびに違憲とされて裁判所に阻止された。

だが、今度は違う。違憲審査をする連邦最高裁判所の判事9人のうち6人が共和党員で、そのうち3人がトランプの任命だから。司法を味方につけたトランプほど恐ろしいものはない。

## ☆習近平をうらやましがり…☆

トランプの復活を誰よりも恐れているのはウクライナだ。

ウクライナはロシアとの戦いで劣勢で、武器弾薬が不足している。だが、アメリカは追加支援していない。共和党のトランプ派が支援を拒否しているから。このままトランプが大統領になればウクライナ支援

は打ち切られるかもしれない。

「私はウクライナの戦争を1日で止めてみせる」

トランプは繰り返し言っているが、それはウクライナを勝たせるという意味ではない。トランプの案は、ウクライナに国土の2割をロシアに譲り渡させることだ。

「トランプはプーチンと戦わないんだ」

ウクライナのゼレンスキー大統領は嘆いている。

プーチンは2016年の大統領選にサイバー介入した。民主党のメールをハッキングしたり、SNSでプロパガンダをしたり……それはアメリカの諜報機関が確認した事実だが、大統領になったトランプはプーチンを責めるどころか、彼と会見して握手して「素晴らしい男だ」と褒め称えた。まあ、選挙で自分を勝たせてくれたんだからね。

ロシアがウクライナに勝てば、EU（欧州連合）に危機が迫る。だが、トランプは「EUを助けに行かない」と言っている。EU高官ティエリー・ブルトン氏によると、トランプは2020年に「アメリカはNATOを離脱する」と語ったという。実際、トランプは2月のサウス・カロライナ州の集会で「コストを払わないNATO加盟国には、ロシアの好きなようにさせてやる」と発言した。

ロシアだけじゃない。トランプは去年7月、台湾が半導体ビジネスを独占していると非難し、「中国から守りますか？」と聞かれて答えを拒否した。

トランプのアメリカ第一主義と孤立主義は、80年近く続いてきたパックス・アメリカーナを終わらせる。ならず者国家が好き勝手に他国を侵略し、独裁者が民主主義を踏みにじり、世界は無秩序なカオスに突入する。

「トランプの今回の任期はたった4年だから、少しの辛抱さ」という人もいる。しかし、共和党でトランプに抵抗するリズ・チェイニー元議員はトランプが大統領の任期を延長する可能性を警告している。なにしろトランプは2018年に中国の習近平との会見で彼が終身主席になったのをうらやましがり、「私も試してみたい」と言っているのだから。

# 売れない黒人作家がギャングスタのふりしてウソ自伝書いたらベストセラーに?

2024年4月4日号

「出版社は黒人の本を求めてるんだ」「私じゃダメなのか?　黒人だぞ」

今年のアカデミー賞脚色賞を受賞した映画『アメリカン・フィクション』の主人公、セロニアス・エリソンこと通称モンク氏はアフリカ系の作家。父は医者、自分は名門ハーヴァード卒。大学で文学を教えている。書いているのはギリシア悲劇を現代に移した小説で、高尚すぎて売れない。モンクのエージェント(アメリカの作家は芸能人のようにエージェントと契約する)は「もっと黒人っぽい小説を書いてくれ」と言う。

「黒人っぽくってどういう意味だ?」モンクはキレる。「父親はろくでなしで、ラッパーで、クラック売ってて、最後は警官に射殺されれば黒人っぽいのか？」

でも、モンクの母親が認知症になって、高い介護施設に入院させる金が必要になる。彼はヤケクソで、ゲットー（黒人スラム）で育ち、ドラッグを売り、人を殺して逃亡中のギャングのフリをして、OurをWe'sと言うようなAAVE（African-American Vernacular English　アフリカ系アメリカ人日常英語）で自伝風小説を書く。出版社がこれを気に入り、ベストセラーにしようとする！

原作は2001年にパーシヴァル・エヴェレットが書いた小説『Erasure　消去』。モンクと同じくエヴェレット自身も歯医者の息子で、名門ブラウン大学卒。大学で教えながら、ギリシア悲劇を現代に置き換えた小説を書いていて、売れなかった。

でも、この『消去』が売れたので、作風を変えた。皮肉たっぷりのメタフィクションへと。

次作『アフリカ系アメリカ人の歴史』（2004年）には『ストロム・サーモンドが売り込んだ』という副題がついていた。

ストロム・サーモンドは実在の政治家で、2003年に100歳で死ぬまで連邦上院議員を49年間も務めた。南部サウス・カロライナ出身で、南部で続いてきた黒人差別を守ろうとした。1957年、南部の黒人に選挙権を認めることに反対して24時間18分の演説を行い、フィリバスター（議事妨害）の最長記録を作った。1960年代、人種隔離政策の撤廃にも激しく反対した。しかし、彼の死の直後に、娘が名乗りを上げた。肌が黒かった。サーモンドが22歳の時に自宅のメイドだった当時16歳の黒人少女に産ませた

娘だった。

パーシヴァル・エヴェレットの『ストロム・サーモンドが売り込んだアフリカ系アメリカ人の歴史』は、サーモンドが語る差別的なアメリカ黒人史の聴き取りを依頼されたエヴェレット自身と出版社のドタバタを描く諷刺小説。この手法で、エヴェレットは2013年に、病床にあるパーシヴァル・エヴェレットが語る回想（例によって嘘くさい）を息子ヴァージルが聞かされる『ヴァージル・ラッセルによるパーシヴァル・エヴェレット』という小説も書いている。

2009年の小説『I Am Not Sidney Poitier』の日本語訳は、『私はシドニー・ポワチエではない』ではなくて『私はノット・シドニー・ポワチエ』。ノット・シドニーという名の少年が、ハリウッド初の黒人スター、シドニー・ポワチエ主演の全作品を合わせたような人生を送るという物語。『手錠のままの脱獄』のポワチエのように白人と手錠でつながれたまま刑務所から脱走し、『野のユリ』のポワチエのように修道院の屋根を修理し、『夜の大捜査線』のポワチエのように殺人事件を推理し、『招かれざる客』のように感謝祭で恋人の実家のディナーに招待される。

2021年の『The Trees 木々』は恐ろしいミステリーだった。南部ミシシッピで2人の白人の死体が別々に発見される。どちらの死体の傍らにも顔が判別不能なほど破壊された黒人少年の死体が置かれていた。その黒人の死体は2件ともすぐに消え失せた。

警察の調べで、殺された白人2人はどちらも60年以上前の黒人少年リンチ事件の犯人の息子だとわかる。そして、消えた黒人少年の死体は、リンチの被害者エメット・ティルそっくりだった。

## ☆ "白人が安心するから" ☆

1955年に実際にあった事件だ。シカゴからミシシッピの親戚の家を訪れた14歳の黒人少年エメット・ティルは、雑貨屋で店番をしていた女性にちょっかいを出したと疑われ、その女性の夫とその弟に拉致され、目玉をえぐられた惨殺死体で発見された。

エメットの母はシカゴで棺を開けて息子の遺体を公開し、黒人差別の実態が世界で報じられた。犯人の兄弟は逮捕されたが、全員白人の陪審員は2人を無罪にした。その子孫にエメットの亡霊が復讐したのか？

多作なエヴェレットは今年も新作を上梓した。タイトルは『ジェームズ』。マーク・トウェインの名作児童文学『ハックルベリー・フィンの冒険』で、ハックと共にいかだで大冒険する逃亡奴隷ジムの一人称で書かれた小説だ。

トウェインの本でジムはMaster（ご主人さま）をMassaと言うように文法的に間違った英語を話すが、エヴェレットの本は正確で知的な英語で書かれている。実はジムは密かに図書館に忍び込んで法律書や思想書を読み、ジョン・ロックやヴォルテールを批判するインテリだったが、無学なフリをしていた。

そのほうが白人が安心するからだ。

『アメリカン・フィクション』の主人公モンクは大学で、白人作家フラナリー・オコナーの小説『The Artificial Nigger　人造黒人』を教材に使ったのがきっかけで休職させられる（Niggerという差別語のため）。モンクに出版社が求めた「黒人っぽい黒人」とは、まさに「人造黒人」なのだ。

# トランプを批判した共和党議員　暴君の赦しを求めてカノッサの屈辱

2024年4月11日号

選挙で勝つためなら、相手がカルトだろうと何だろうと、いくらでも妥協する議員がいる。日本の自民党の話じゃない。アメリカの共和党のことだ。

２０２１年1月6日、トランプが扇動した暴徒に連邦議会を襲撃され、殺されそうになった共和党の議員たちは、トランプは議会制民主主義を暴力で踏みにじったと怒った。サウス・カロライナ州の下院議員ナンシー・メイス（46歳）もその一人で翌日、テレビのインタビューで議会襲撃を厳しく断罪した。「昨日、トランプ大統領の任期中の功績はすべて消え失せました。彼を二度と大統領にしてはいけません」

ナンシー・メイスは共和党には珍しく、

女性の権利のために戦う議員だった。２０１９年、サウス・カロライナ州議会は妊娠6週間後の人工中絶を全面禁止する州法を制定しようとした。それに対して「レイプと近親相姦は除外すべき」と反対した女性共和党議員がナンシー・メイス。彼女は議会の演説で、自分が16歳の頃、レイプされた体験を語った。彼女の勇気ある告白によって、中絶禁止からレイプと近親相姦は除外された。

ところが、そんなナンシー・メイスも議会襲撃からたった1週間で党の圧力に妥協した。トランプの弾劾に反対票を投じたのだ。ただ、党議拘束による苦渋の決断だったようで、「でも、私は、議会襲撃は彼の責任だと確信します」と演説した。

少しでも自分に逆らった者を忘れないのがトランプだ。翌２０２２年、ナンシー・メイスは共和党予備選で、サウス・カロライナ州の下院議員として2期目を目指した。すると2月9日、トランプは彼女の対立候補、ケイティー・アーリントンの支持を表明し、ナンシー・メイスを「まったくもってヒドい候補だ」と罵倒した。「彼女はＲＩＮＯ（名前だけの共和党員）だ。忠実さが足りない」

トランプ信者にあらざる者は共和党員にあらず――共和党はすっかりトランプ党になっていた。党員の過半数がトランプを支持しており、彼に逆らったら最後、もう選挙には勝てない！

翌日、ナンシー・メイスは突然、フェイスブックで動画を中継した。

「私はニューヨークのトランプタワーの前にいます。トランプさんに直接お会いして、私が彼の昔からの支持者であることを理解してもらいます」

カノッサの屈辱！

謝罪を聞き入れたのか、トランプはそれ以降、メイスを批判しなくなった。彼女は予備選に勝利した。

下院議員に再選されたナンシー・メイスは最も忠実なトランピストになった。2023年6月、彼女はさまざまなメディアに登場してトランプを賞賛した。政治WEBメディア「ポリティコ」の取材に対して「私はアメリカを救うためにトランプに対する矛を収めます」と語ったが、「矛を収めた」というより「軍門に降った」と言ったほうが正しいかもしれない。

ナンシー・メイス議員の変節は痛々しいほどだった。今年3月、ABCテレビに出演した彼女は、司会のジョージ・ステファノプロスから質問された。自分がレイプの被害者なのに、どうしてレイプ犯であるトランプを支持するのか、と。

「陪審がトランプはレイプ犯だと判断し、裁判官もそれを認めたんですよ」

1990年代、コラムニストのE・ジーン・キャロルさんはデパートの試着室でトランプにレイプされた。警察に訴えても億万長者であるトランプには勝てないとあきらめていたキャロルさんだが、2019年、トランプの大統領任期中に、レイプされた件を告白した。トランプは「それは嘘だ。彼女は私の趣味ではない」と否定。キャロルさんはトランプを名誉毀損で訴え、2023年に裁判で彼女は勝利した。

## ☆ またしても訴えたトランプだが… ☆

地球のみんな！
オラに現金をわけてくれ！
「多くの情報筋が"トランプ氏はパニック状態に陥っている"と明らかにしている」(CNNより)

「それは民事裁判です。刑事裁判で有罪になったわけではありません」とメイス議員はトランプをかばった。

「しかし、裁判では『刑事事件にするには証拠が不十分でも、それでレイプが無かったわけではない』と判決されたんですよ」

「私がレイプされたことを告白するのがどれほど辛かったかわかりますか？」メイス議員は悲痛な声で訴えた。

「だれも中絶禁止法からレイプ被害者を守ってくれなかったから告白したんです。その私に恥をかかせるんですか？」

恥をかかせたのはステファノプロスではなく、その彼女を屈服させたトランプだと思うけど。

「メイスさんは議会襲撃の後、『トランプは二度と大統領になるべきでない』と言いましたよね」

「有権者にとって議会襲撃は過去のものです。私は確かにあの選挙の結果を認定しました。でも、あれから状況は変わったんです。バイデン大統領は支持されてないんです」

「トランプは91の罪で刑事告訴されていますよ」

「でも、予備選で有権者はトランプを選びました。彼らは振り返りません。未来を見てるんです」

メイス議員はある意味、正直だった。有権者がトランプを赦すから、自分はどうしようもないのだと。

このインタビューの放送後、トランプは自分をレイプ犯と呼んだステファノプロスを名誉毀損で訴えた。が、民事とはいえ判決が出ていることで、トランプに勝ち目はないだろう。

トランプはもっと大きな事態に直面している。一族の企業の資産価値を過剰に偽って銀行から融資を得た詐欺事件で2月に有罪になり、4億5000万ドルの罰金の支払いを命じられたのだが、3月25日までにその額を保証金として用意できないと、資産が差し押さえられるのだ。トランプ破産か？　まあ、7度目だけどね（その後、保証金が大幅減額、支払い期日も延期された……）。

# ラッパーのディディ
# 少女を薬漬けで人身売買
# ジャスティン・ビーバーも
# 餌食？

2024年4月18日号

3月25日、ごはんを食べながらテレビを観てたら、ＳＷＡＴチームがどこかの豪邸に突入する映像が流れてきた。迷彩色のヘルメットとボディアーマー（防弾チョッキ）、アサルトライフルの完全武装で装甲トラックやヘリコプターまで動員して、まるで戦争だけど、まあ、アメリカではよくあるニュース。

「国土安全保障省の捜査部が、ロサンジェルスとフロリダのショーン〝ディディ〟コムズ宅に強制捜査に入りました！」

国土安全保障省？　ディディ（54歳）はグラミー賞を3度受賞しているラッパーで音楽プロデューサー。彼らになんの関係が？

「国土安全保障省のディディ宅捜索の容疑は、人身売買です」

自分がアメリカに移住した1997年、ディディはパフ・ダディというラッパー名で「アイル・ビー・ミッシング・ユー」をリリースしたところだった。ポリスの80年代のヒット曲「見つめていたい」に、ほとんどそのままラップを乗せただけなので、こんなんでいいの？　と思ったがメガヒット。親友の人気ラッパー、ノトーリアス・B.I.G.に「君がいなくなって寂しいよ」と悲しむ歌だったからだ。B.I.G.は何者かに射殺され、今も犯人はわかっていない。

ディディは、暴力的でダーティなラップ全盛の90年代には珍しかったポップ志向で次々と大ヒットを飛ばし、プロデューサーだけでなく、ファッションやウォッカなど、様々なビジネスで成功。フォーブス誌は彼の資産を10億ドルと推定した。

だが、ディディ帝国は去年の11月から揺らぎ始めた。まず、R&Bシンガー、キャシー・ヴェンチュラが、ディディを告発した。2005～06年、当時19歳のキャシーは彼女の所属するレーベル「バッド・ボーイ・レコード」の社長だった30代後半のディディと会い、以後10年にわたって性的に虐待されたという。本当にバッド・ボーイだったのだ。ディディは彼女をコカインやケタミンなどで薬漬けにし、Freak Off（常軌を逸した）と呼んだセックスパーティに参加させた。他の男性とのセックスも強要し、それは国外でも行われたという。それが国境を越えた人身売買にあたり、国土安全保障省の管轄になる。

キャシーが逆らうと、ディディは殴ったり拳銃で脅したりした。また、彼女は訴状のなかで、ディディ

は、年下のラッパー、キッド・カディにバカにされたと思って、彼の車を爆破したと言っている。カディは取材に対して「それは事実」と答えている。誰も乗ってない時、他人に迷惑がかからないよう、私道に駐車中を狙ったそうだけど……。

　ディディはすぐにキャシーに和解金を払って黙らせたが、それをきっかけに4人の女性たちがディディを麻薬によるレイプや人身売買で告発した。そのなかには被害当時17歳だった女性もいる。

　女性だけじゃない。今年の2月には男性も訴えた。ディディが去年の9月に出したばかりのCD『ザ・ラブ・アルバム　オフ・ザ・グリッド』の音楽プロデューサー、リル・ロッドことロドニー・ジョーンズ・ジュニア（39歳）が3000万ドルの賠償を要求した。73ページに及ぶ訴状によると、ディディは麻薬を盛り、性器をやたらと触り、目の前で他の男性とセックスさせて、「Grooming（調教）」しようとしたという。

「調教」と聞いてゾッとするのは、ディディが昔から若い男の子を自宅に住まわせるのが好きだったから。たとえばアッシャー。今年のスーパーボウルのハーフタイムショーも務めた45歳のスター・シンガーは13歳の頃、プロデューサーだったディディの家に預けられていた。アッシャーは2004年、『ローリングストーン』誌のインタビューで当時を回想している。

「いつも女の子だらけでした。部屋のドアを開けると誰かがセックスしていたり、乱交してるのも見ました。何が起こっているのか全然わかりませんでした」

## ☆ ディディはどこ？ ☆

その「ディディ・キャンプ」に自分の子どもを預けたいかと尋ねられたアッシャーは「絶対ダメ！」と答えている。

その家にディディが当時15歳のジャスティン・ビーバーを泊まらせた時のビデオも発掘された。「これから僕らは48時間、一緒に過ごすんだ。クレイジーだぜ！」。ビーバー大丈夫だった？

ディディに「調教」されそうになったというリル・ロッドの訴えは事態をさらにややこしくしている。

彼によると「ディディは3人の女性をセックスワーカーとして雇っていると自慢した」というのだが、その一人としてダフネ・ジョイというモデルの名を挙げている。ダフネは、ディディと犬猿の仲のラッパー、50セントの元恋人だったのだ。彼女は50セントの息子の母親でもある（いわゆるベイビー・ママ）。

50セントはディディとBeef（ディス）し合っているが、このニュースに対してSNSに「ダフネがセックスワーカーとは初耳だね」と書き込んだ。「可愛いセックスワーカーだよ。まるで映画だな」

ほんとまるで映画。ディディの弁護士はどの訴えに対しても否定している。

でも、肝心のディディはどこ？　ロサンジェルスとフロリダ、どっちの自宅にも彼は不在。自宅急襲の直後、ディディの自家用ジェット機がフロリダから離陸してカリブ海の島国アンティグアに着陸したが、彼はそのジェットに乗っていなかった。

強制捜査から7日目の3月31日、ディディがインスタグラムを更新！　事件について何も言及がなく、幼い娘の写真に「ハッピー・イースター」とだけ添えられていた。ということでディディ今も行方不明。まったくもって「ミッシング・ユー」だよ！

追記：ディディは9月に逮捕。拘置所で裁判を待っている。

# カントリーから差別されたビヨンセカントリーで復讐

2024年4月25日号

「ビヨンセに会った！　握手とハグした！　めちゃいい匂い！　もう死んでもいいわ！」僕のラジオ番組の書き起こしをしてくれてる「みやーんZZ」さんが、アメリカのスーパー・スター、ビヨンセとハグ！　そんな奇跡が起こったのは3月29日。その日の午前11時に、午後、渋谷タワーレコードでビヨンセがサイン会をすると突然告知されたのだ。

アメリカのネットでもすぐに騒ぎに。

「あたし、ビヨンセのミーグリ（会って挨拶できる）つきコンサート・チケットに3000ドル出したのに！　日本じゃ新作アルバムを買った先着150人にサインとハグ？　ずるーい！」

実はビヨンセ、家族で日本観光中に突

然、サイン会を思い立ったらしく、公式のカメラもマスコミも来てなかったという。ファンがスマホで撮った動画ではダンナのJay-Zもニコニコとサイン会を見守っている。「誰も俺のサイン欲しがらないの？　俺もスーパースターなのに！」なんて言わない。ティナ・ターナーに嫉妬してDVしたアイク・ターナーとは器が違うのだ。

その新アルバムは『カウボーイ・カーター』。カーターはビヨンセの本名の「姓」。タイトル通り、カントリー&ウェスタンがコンセプト。カントリーの名曲「ジョリーン」のカバーもある。僕らの世代にはオリヴィア・ニュートン＝ジョン版でおなじみですね。

お願いだから私の彼を取らないで
彼は寝言であなたの名前を言った
あなたは比べようもなく綺麗で
私はとてもかなわない

カントリー歌手ドリー・パートンは夫の浮気相手に対して、この歌を書いたという。浮気な男に尽くす健気な女性の歌。カントリーと演歌の定番だ。でも、ビヨンセ版は歌詞が全然違う。

警告しとくよ　私の男に手ェ出すな
私に勝てるチャンスなんてないから
私は彼ともう20年愛し合ってきた
私は彼を育て　子どもも育てた
悪いことは言わない　他に行きな

「私は彼を育てた」って……。そうだよなあ、元ヤクの売人で何発も銃弾を食らったJay-Zをマイホーム・パパにしちゃったんだから。

ビヨンセが『カウボーイ・カーター』を作ったのは「カントリーから歓迎されてないと思った経験から」。

2016年、CMA（カントリー音楽協会）アワードの授賞式にビヨンセが登場して、テキサスで父に育てられた経験を歌った自作のカントリー・ソング「ダディ・レッスンズ」を歌ったが、カントリー・ファンはビヨンセをボイコットした。黒人だから。

## ☆　アフリカ系女性史上初の快挙　☆

カントリー・ファンはブッシュやトランプを支持し、コンサートで南軍旗を振り回す。それは奴隷制度

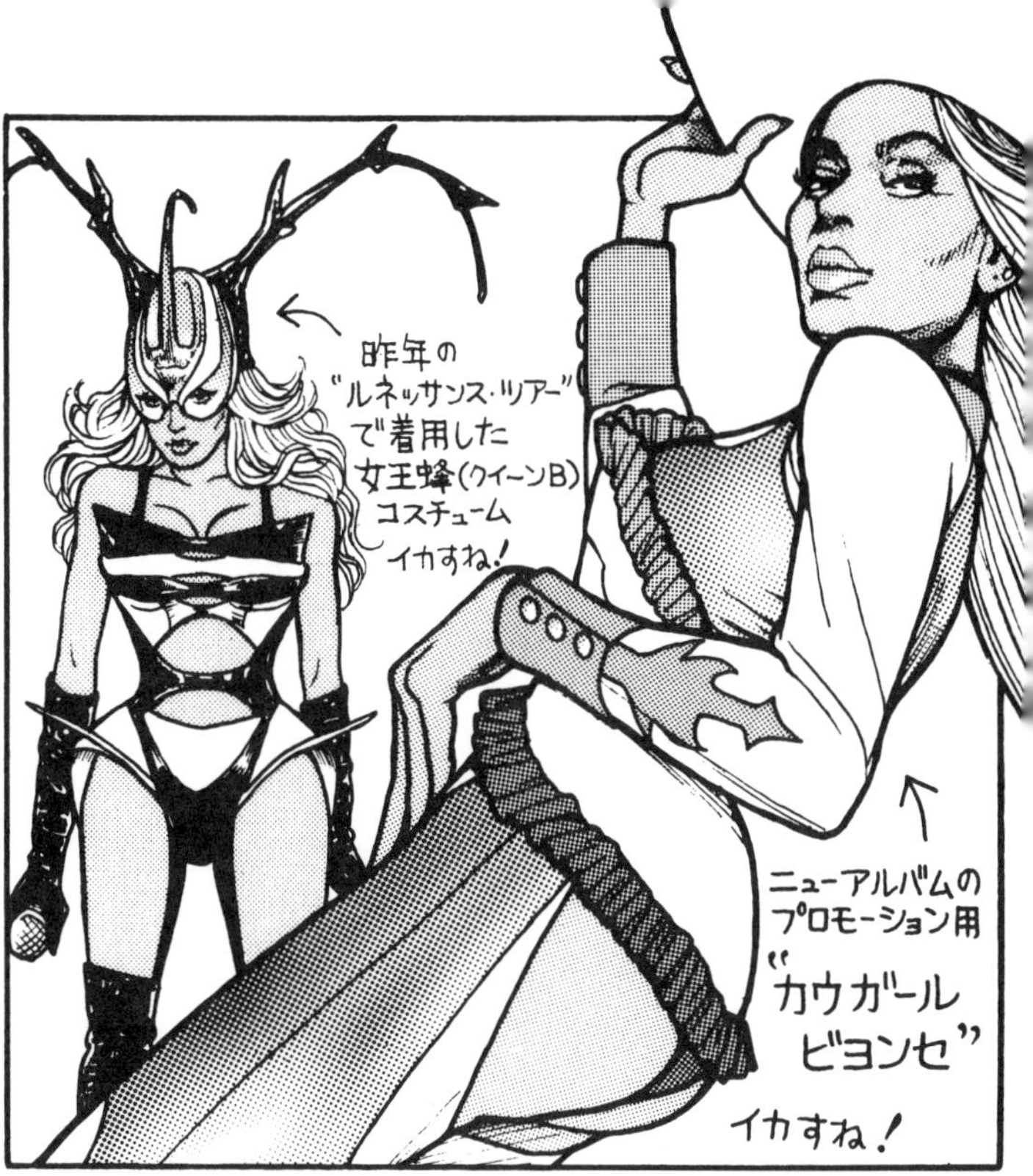
昨年の
"ルネッサンス・ツアー"
で着用した
女王蜂(クイーンB)
コスチューム
イカすね!
ニューアルバムの
プロモーション用
"カウガール
ビヨンセ"
イカすね!

を支持する旗だから持ち込むなといくら叱られてもやめない。

でも、実際はカントリーもカウボーイも白人だけの文化じゃない。カントリー音楽は黒人のブルースとスコットランドやアイルランドの民族音楽、それにスイスのヨーデルまでが混じって生まれた。カウボーイも白人文化ではない。もともとメキシコ領だった西部をアメリカが戦争で分捕り、そこにいたバケーロ（牧童）たちも取り込んだ。だからそもそもカウボーイの多くはメキシコ系ないし先住民で、そこに南部の奴隷農場から解放された黒人が加わった。早い話、アメリカには単一民族の文化などない。

『カウボーイ・カーター』の収録曲もカ

ントリーだけでなく、ブルース、ファンク、フォーク、オペラなどが入り混じり、まさに「アメリカーナ（アメリカ独特）」としか言いようがない。ビヨンセ自身もそうだ。

父の祖先はアラバマの黒人、母はクレオール。クレオールの説明は長くなる。アメリカ建国前までさかのぼるから。1750年代、イギリスとフランスの間で北米の領有権を争った「フレンチ・インディアン戦争」が起こった。フランスが負けて、カナダのアカディア地方（今のケベック州）が英領に。英国支配を嫌う仏系住民は、まだ仏領だった南部ルイジアナ州まではるばる歩いて移住した。彼らはアケイディアンと呼ばれ、それが訛ってケイジャンになった。ケイジャンは様々な人種と交流した。ルイジアナの先住民、1763年から1800年の間だけルイジアナを支配したスペイン人、アフリカから連れてこられた黒人奴隷……。白人、黒人、モンゴロイド、すべての血を受け継ぐ彼らをクレオールと呼ぶ。それがビヨンセなのだ。

ビヨンセは『カウボーイ・カーター』の1曲目「アメリカン・レクイエム」でこう歌う。

私の父はアラバマ、母はルイジアナ
だから「お前はカントリー（田舎）すぎる」と言われてきた
ところが急に「カントリーが足りない」って言われた
「カウボーイみたいに馬に乗るな」ってさ

この歌がカントリーじゃないって言うなら
いったい何がカントリーなのさ

『カウボーイ・カーター』収録の他の曲のシングルは全米カントリー・チャート1位に。アフリカ系女性にとって史上初の快挙だ。「アメリカン・レクイエム」の歌い出しが実現した。

古臭い考えはここに眠るのさ　アーメン

# ロック様WWE復帰「鼻持ちならない経営者」役で！

2024年5月2・9日号

世界最大のプロレス団体ＷＷＥのトップ、ヴィンス・マクマホンが経営から退いた件は、この連載でも書いた。職員や女性レスラーへの性的虐待で告発されたからだ。

「選手や女性を踏みにじるスケベで卑劣な経営者」というギミック（プロレスの仕掛け）を演じてきたヴィンスだが、それは事実だった。もうシャレにならない。極悪社長とレスラーたちの「労使闘争」が軸だったＷＷＥは最大のヒール（悪役）を失ってしまった。山守組長なしで『仁義なき戦い』を続けられるのか？

だいじょうぶ。ＷＷＥの新しい「ファイナル・ボス（ラスボス）」が就任したから。

それはザ・ロック！　ハリウッドで映画1本のギャラが2000万ドル以上のスーパー・スター、ドウェイン・ジョンソンだ！

映画では『ワイルド・スピード』シリーズなどで正義の味方を演じてきたドウェインだが、2000年代のWWEでは悪役レスラーだった。当時、WWEは過激なマイクパフォーマンスによるアティチュード（態度が悪いという意味）路線で社会現象になり、特にザ・ロックはウルトラ傲岸不遜なキャラで名フレーズを連発した。

まず彼の主語は「俺」ではない。「ロック様曰くThe Rock says」と三人称で尊大に話し、相手レスラーをジャブローニJabroniと呼ぶ。もともとプロレス界の隠語で負ける役を意味するジョバーJobber（仕事人）をイタリア風にアレンジした言葉で、「お前は俺の引き立て役なんだよ」という意味。で、「お前が何を言おうと関係ない。自分の役割をわきまえて口を閉じて、さっさと来いやJust bring it」と手招きする。

もともと彼はお坊ちゃまキャラだった。伝説的ハワイアン・レスラー、ピーター・メイビアを祖父に、ソウルマンこと70年代に一世を風靡した黒人レスラー、ロッキー・ジョンソンを父に持つ彼は、ロッキー・メイビアという七光りピカピカのリングネームでデビューした。でも、客はそれを嫌い、「ロッキー最低Rocky Sucks」コールを浴びせた。

彼は、それを逆手にとって「大スター」というギミックを始めた。自ら「人民のチャンピオンPeople's

Champion」「スポーツ・エンタメ界で最もシビれる男」と宣言して、リングに上がると「とうとう、ロック様が○○（地名）に来てやったぜ Finally, The Rock has come back to……」と上から目線で客をイジり、相手を、「甘っちょろいケツCandy Ass」とナメてかかり、「ロック様が何を料理してるかわかるかなIf you smell what the Rock is cooking」と煽った。

いちおう必殺技もある。相手の首をつかんでマットに叩きつけるロックボトム（どん底）と、倒れた相手を飛び越えてロープに走って跳ね返ってからのエルボードロップ。これを食らうまで相手はじっとマットで寝て待ってなきゃならない。このバカバカしい技はロック様が「ピープルズ・エルボー（人民の肘）」と名付けたことで、客に愛された。ギミックだった「人民のチャンピオン」は現実になったのだ。

「ギミックを真剣に演じ続ければ現実になるYou work the gimmick hard enough, it'll become real.」

それは父ロッキー・ジョンソンの教えとして、ドウェイン・ジョンソンの自伝ドラマ『ヤング・ロック』の冒頭に登場する言葉だ。

『ヤング・ロック』は3つの時代が同時進行する。まず70年代、ハワイでプロレスのプロモーターとして成功していた祖母と暮らしていた少年時代、次に80年代、一家がすべてを失ってフィラデルフィアで貧しく暮らしていた青春時代、そして90年代、フロリダの大学のフットボール選手からＮＦＬを目指すが挫折し、プロレスを始める修業時代。

ドウェインは父のプロレス仲間のアンドレ・ザ・ジャイアントやアイアン・シークに可愛がられながら、

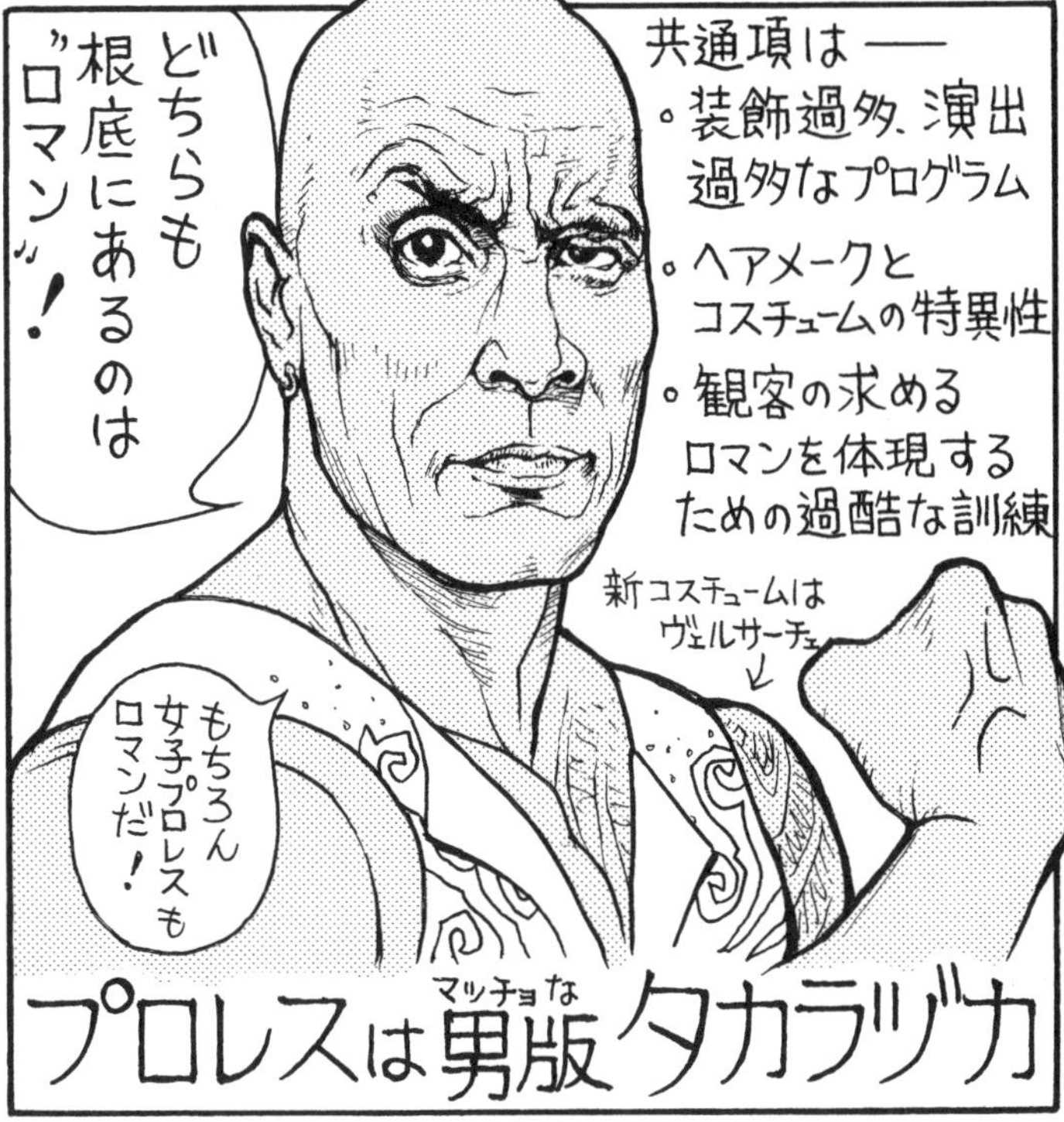


人生を学んでいく。貧乏のロックボトムでも夢を信じれば、本当になると。

### ☆「ロッキー最低！」☆

現在、「ザ・ロック」というリングネームや「ジャブローニ」や「人民のチャンピオン」などの名フレーズの商標権はドウェイン・ジョンソンのものだ。彼はヴィンスが抜けた後のWWEと総合格闘技団体UFCを傘下に置く会社TKOから、報酬3000万ドルで取締役として迎えられたからだ。

そう、本当に「ファイナル・ボス」としてWWEのリングに帰って来たのだ。

今年52歳で、プロレスは8年ぶりのザ・ロックのカムバックが報じられた時、

ＷＷＥファンは必ずしも歓迎しなかった。ＷＷＥはヴィンスの娘ステファニーとその夫トリプルＨが切り盛りし、ファンもそれを支えていたのに、出戻りＯＢが上から目線で介入するの？

ＷＷＥはその声を聞き逃さない。今回のザ・ロックのギミックは「スーパースター気取りで現場に口を出す鼻持ちならない経営者」だった！　ギミックが現実になり、現実がギミックになる、プロレスは虚実皮膜！

ヴェルサーチェの成金趣味なベストを着てリングに立った彼は、「今日はトレイラー・トラッシュ（トレイラー・ハウスに住む貧困層）の動員記録だな！」と満員のＷＷＥファンを見下した。それでこそロック様！

「このロック様と1対1で一戦交えたい奴は誰だ？　この会場にいる女性はみんなそうだろう。クラックでラリってるカレンさんも、シャブでぶっ飛んでるメリーさんも、準備はいいかい？　ロック様の22インチの天国の！」

22インチ（55センチ以上）とは大きく出た！

会場からは割れんばかりの「ロッキー最低！」コール。でも、これでドウェイン・ジョンソンはまだ大統領への夢は捨ててないからね。

# アメリカが内戦に突入！これは絵空事じゃない！

2024年5月16日号

ドナルド・トランプは今年11月の大統領選挙で勝ったら、2020年の選挙で彼から票を奪った（と彼は主張している）勢力に報復をすると宣言している。逆にもし負けたら、トランプ支持者は議会を襲撃するどころか、今度こそ銃を持って反乱を起こすかもしれない。

そんな内戦の不安が高まるなか、『シビル・ウォー』、つまり「内戦」という映画が公開され、北米興収でナンバーワン・ヒットになった。

「19州が連邦から離脱しました」とニュースが告げる。大統領が反乱軍に対する空爆の成果を演説する。「我々、合衆国政府軍は、テキサスとカリフォルニアの、いわゆる〝西部連合〟に大打撃を与えました」

テキサスとカリフォルニア？　いちばんの右と左じゃないか。

テキサスは大統領選でずっと共和党が勝ち続けた「赤い州」。どんなに乱射事件があっても銃規制に反対し、人工中絶をどこよりも早く禁止し、不法移民をバスに乗せて他州に送りつけるゴリゴリの右翼州。

いっぽうカリフォルニアは自動ライフルに10発以上装塡できる弾倉を禁止し、人工中絶の権利を守る州法を持ち、多くの市が不法移民を摘発しないサンクチュアリ（聖域）宣言をしたリベラル州。

この両極端が手を組むほどひどい大統領なのだ。

『シビル・ウォー』は、既に内戦が全米に広がった状況から始まる。内戦の原因は、大統領が憲法で定められた2期4年間ずつの任期を超えて3期目を宣言したこと。

主人公たちは内戦に参加しない。それを取材する記者たちだから。女性ファッション誌「ヴォーグ」のカメラマン、リー（キルスティン・ダンスト）。ロイター電の特派員ジョエル、ニューヨーク・タイムズ紙のベテラン記者サミー、それに戦場カメラマン志願の少女ジェシー。

この4人は大統領にインタビューしようとするが、首都ワシントンは反乱軍に包囲されており、飛行機は使えない。4人はニューヨークから自動車に乗って、『地獄の黙示録』のように戦場の闇の奥へと遡って行く。

監督のアレックス・ガーランドの興味は内戦そのものより、戦場レポーターにある。彼の父親は新聞の

政治批評マンガ家で、家を訪れる友人には報道記者やカメラマンがいて、彼らの武勇伝を聞いて少年アレックスはワクワクしていたという。

主人公リーの名は実在のカメラマン、リー・ミラーに基づいている。彼女は元ファッションモデルで、ヨーロッパでファッションやアートの取材をしていたが、第2次大戦が始まると、「ヴォーグ」の従軍カメラマンとしてロンドン大空襲、パリ解放、ダッハウのユダヤ人強制収容所を撮影した。ベルリン陥落時にはヒトラーが住んでいた部屋で浴槽に入った写真を撮り、ヒトラーのベッドで寝た。

リーにはもう一人モデルがいる。隻眼

の女性従軍ジャーナリスト、メリー・コルヴィンだ。１９８６年、米軍に空爆されているリビアでカダフィ大佐にインタビューし、２００１年、スリランカ内戦で反乱軍であるタミル人団体を取材中に政府軍に撃たれて左目を失った。彼女はその時「ジャーナリストです！」と叫んで白旗を振っていたのだが。アイパッチになってもコルヴィンは戦場取材をやめなかった。２０１２年2月、彼女はシリア政府軍に包囲されたホムスに潜入して世界に現場から報告し続け、シリア政府軍に狙い撃ちされて死亡した。

メリー・コルヴィンは常に、弱い側、声の小さい側に寄り添った。１９９９年の東チモール紛争では、インドネシア政府軍に包囲された地元民と共に残って交渉し、女性や子ども１５００人の命を救った。だが、『シビル・ウォー』のリーは違う。ワシントンまでの道で、虐殺や拷問をいくら見ても、ただ淡々と写真を撮り続ける。大統領政府軍と反乱軍のどちらの側にも決してつかない。

## ☆ テキサスとカリフォルニア連合？ ☆

それこそが、アレックス・ガーランドがテキサスとカリフォルニアを反乱軍として連合させた理由なのだ。テキサスなど南部の赤い州に多いトランプ支持者たちは、トランプこそが本当の大統領で、バイデンは選挙で票を盗んだと信じている。もし、反乱軍が「赤い州」ばかりだったら、彼らは独裁的な大統領にバイデンを投影しただろう。逆に、反乱軍を民主党支持が強い「青い州」にしていたら、リベラルな観客は反乱軍を応援し、大統領にトランプを投影しただろう。しかし、『シビル・ウォー』はテキサスとカリフォルニアのねじれた同盟によって、観客を立場のない不安定さに追いやる。

そもそも『シビル・ウォー』に登場する兵士たちは、どちらが大統領政府軍で、どちらが反乱軍なのか見分けがつかない。たとえば戦闘服を着た兵士とアロハシャツを着た民兵が銃撃戦をしている。アロハシャツはブーガルーと呼ばれる反政府武装主義者たちがその証として着る服だ。彼らはたいてい白人至上主義者だが、この映画でのアロハシャツ民兵たちはアジアやアフリカ系などのマイノリティで、しかも捕虜を虐殺する。服装や肌の色では彼らが保守かリベラルか、善か悪か、敵か味方か判断できない。

主人公たちは虐殺した民間人の大量の死体を埋めている軍服の兵士（キルスティン・ダンストの夫、ジェシー・プレモンス）から銃を向けられる。手を挙げて記者証を示し、「撃つな！　私たちはアメリカ人だ！」と言うと、兵士は尋ねる。

「どの種類のアメリカ人だ？」

同じアメリカ人じゃないか、という理屈が通用しないほどの分断。それは今、アメリカだけの問題ではない。

# トランプのお気に入り
# サウスダコタ州知事
# 子犬を射殺して自滅

2024年5月23日号

サウスダコタ州は面積約20万平方キロ（北海道の約2・4倍）の広大な大平原に90万人しか住んでない。先住民ラコタ・スー族の土地で、有名な観光地はジョージ・ワシントン、トマス・ジェファーソン、エイブラハム・リンカーン、テディ・ローズベルト大統領の顔が彫られたラシュモア山と、火星の風景みたいな奇岩が並ぶバッドランズと……なんだっけ？

その州知事クリスティ・ノーム（52歳）が注目されている。今年の大統領選挙で、ドナルド・トランプ候補の副大統領候補に選ばれるかもしれないからだ。

2019年に州知事になったノームは2020年の大統領選挙の時、ラシュモア山にトランプを招いた。そして4人の大統領の横にトランプの顔を加えたラシュモア山の模型を作ってトランプにプレゼントした。「私は彼ら以上の業績を成し遂げたからな」（何？）とトランプは上機嫌。彼女はトランプのお気に入りとなった。

以降、ノームは各地のトランプ集会で演説し、右翼テレビ局FOXニュースに毎週のように登場した。

ノームは、右翼じいちゃんたちのアイドルとして完璧だった。中西部の農家の出身で、父は貯蔵庫の事故で穀物に埋もれて死亡。政治家になったノームはカウボーイのコスプレで馬に乗って星条旗を振りかざし、トウモロコシ畑から飛び立つキジを見事なショットガンさばきで撃ち落とす。イピカイエー！これぞアメリカ！

ノームは2000年代に政界に出てきた時は、こんな派手なキャラではなかった。ショートカットにサファリ・シャツの精悍なイメージだったが、トランプ・ブームに乗ってから急激にトランプ好みのセクシーでケバい感じに変身していった。髪は長くゴージャスに波打ち、まつ毛は濃く長く、唇はぽってりとポルノスターのように……整形ですね。

政治的にもどんどん右傾化。人工中絶は全面禁止。レイプだろうと、近親相姦だろうと例外なし！同性婚なんかもってのほか！　2歳の初孫にライフルとショットガンをプレゼント！　先住民居留地を走る石油パイプラインの工事も、先住民の反対を押し切って強行突破！　怒った先住民たちはノーム知事の居留地への立ち入りを禁止したけど、ここまで右に寄ればトランプの副大統領候補に指名されること間違いなし！

ノームはダメ押しで自伝『No Going Back　後戻りしない』を出版した。これが大失敗だった。

20年前、ノームはキジ撃ちに、14カ月のワイヤーヘアード・ポインターの子犬クリケットを連れて行った。ワンちゃんは野原に出ると大興奮。「人生最高の日のように」大はしゃぎでキジを追いかけ回したので狩りにならなかった。そのうえ帰り道で、リーシュ（リード）を振り切って近所の農家に入り込んで鶏を殺してしまった。

「猟犬として見込みがない」

そう思ったノームはクリケットを射殺した。さらに、ついでということか、彼女は家に帰ると飼っていたヤギも撃ち殺した。「そのヤギは不潔で臭くて攻撃的で、私の娘を追い回したから」

テレビのインタビューで、子犬の射殺について尋ねられたノームは「農家では過酷な選択をしなきゃならないんです」と釈明した。「こないだも24年間飼ってた馬を撃ち殺したし」

そんなノームをアメリカ人は許さなかった。「子犬なんだから野原に連れ出せば興奮するに決まってる」「リーシュを離したのも、しつけができなかったのも飼い主の責任なのに！」「冷血！」「人でなし！」右も左もトランピストも反トランプもみんなノームを憎んだ。

共和党のトム・ティリス上院議員は「犬の行儀の悪さは飼い主を映す鏡」とノームを糾弾した。極右活動家のローラ・ルーマーですら「ダメ！　もう後戻りできない！」とポスト。トランプ・ジュニアも

「ノームはもう副大統領候補の目はないな」と匙を投げた。「しかし、いったい何で、そんなことを本に書いたりしたんだ?」

## ☆犬ばっか!☆

ノームがそれを書いたのは、「政治的指導者には時につらい決断をする意志が求められる」という文脈だった。でも、子犬殺しが政治的決断?

彼女は2012年の選挙のことを調べておくべきだった。現職のオバマ大統領に挑戦したミット・ロムニー候補(共和党)は、州をまたいだ移動の際、飼い犬を入れた箱を自動車の屋根に固定して長距離ドライブをした経験を語ったので、

「犬の虐待だ！」と支持率が急落した。それがアメリカなのだ。

特にアメリカの右翼は、乱射事件で何人死のうと銃を規制せず、少女がレイプされても中絶を許さず、トランプがレイプで民事裁判で負けようが、セックスしたポルノ女優への口止め料を選挙資金として計上しようが、暴徒に議会を襲撃させて警官が死のうが平気なのに、犬を殺すと大騒ぎ。

ところでノームはヤギも殺している。ノームのヤギが臭く攻撃的になっていたのは去勢してないオスが発情期だった可能性が高い。しかもノームはヤギの頭をショットガンで撃ったが一発で死なせることができず、苦しませてしまったと書いている。ヤギのオスは頭突きをするので頭蓋骨が固いから散弾では貫通できない。ノームは牧場育ちを自慢してるのにそれも知らなかったのか。でも、誰もヤギには同情しない。そう、ノームは馬も射殺してるのに、そっちも人は騒がない。犬ばっか。同じ動物なのに不公平だよ！

追記：クリスティ・ノームは第2次トランプ政権の「国土安全保障長官」に指名された。

# スティーブ・アルビニはストーンズの新譜を「ケツの穴」と評して死んだ

2024年5月30日号

スティーブ・アルビニが亡くなった。自分と同じ1962年7月生まれなので61歳。心臓発作だった。

アルビニの名前にピンとこない人でも、80年代にディスクユニオンの常連だったなら、横山まさみち先生のマンガ『やる気まんまん』の、感じている女性の絵がデザインされたLPジャケットを見た覚えがあるだろう。あれはアルビニのバンド「ビッグ・ブラック」の、『Songs About Fucking　セックス・ソング集』というミもフタもないタイトルのアルバムだった。

日本のマンガが好きなアルビニが次に組んだバンドの名前は「レイプマン」。みやわき心太郎先生が繊細な筆致で描いた、今はもう許されない内容の劇画を引用していた。

アルビニは見た目もオタクそのもの。小太りでメガネでいつも黒Tシャツの姿は、いかにもディスクユニオンと「まんがの森」をハシゴしてそうだった（俺も）。しかもライブでは、ギターを肩じゃなくて腰のベルトからぶら下げて、どうにもダサかった。

アルビニの音楽はノイジーでラフでパンクでアングラで……非商業的だった。

最も知られた歌「ケロシン」も人生に絶望して灯油をかぶって焼身自殺する歌詞だった。「キム・ゴードンのパンティ」という歌は、オルタナ・バンド「ソニック・ユース」のボーカルのキム・ゴードンのこと。「オレの友達のサーストン・ムーアがキム・ゴードンみたいなロクでもない女とバンド組んでやがる！」と怒る歌詞。人前で歌うことじゃない。

レイプマンの次のバンドは「ラン・ニガー・ラン」。名前からしてアメリカでは放送禁止だ。わざと売れないようにしてるとしか思えなかった。

そのアルビニが93年、なんと天下のニルヴァーナの3枚目のアルバム『イン・ユーテロ』のプロデュースを依頼された。カート・コベインがアルビニのファンで、ドラムセットがそこにあるかのように聴こえるアルビニの生々しい録音技術を求めたからだ。

ニルヴァーナのセカンドアルバム『ネヴァーマインド』は、全世界で3000万枚も売れた。通常ならプロデューサーはアルバム1枚につき、1〜1・5％の印税を受け取る。それは莫大な金額になるだろう。

でも、アルビニはニルヴァーナ宛の手紙で「そんな大金を手にしたら眠れなくなるよ」と言って印税を断ったのだ。

『イン・ユーテロ』のアルビニの録音は生々しすぎたのでミックスし直して発売されたが、彼の名は世界に知れ渡り、ブッシュからジミー・ペイジとロバート・プラントまで数えきれないミュージシャンのレコーディングを依頼された。

アルビニは自分をプロデューサーとは呼ばず、レコーディング・エンジニアと呼んだ。音楽ができない「プロデューサー」への抗議だ（日本にもいるでしょ）。印税は決して受け取らず、日給750ドルでレコーディングし続けた。年収は2万4000ドルといわれた。

金は取らない代わりに言いたいことを言った。わずか1500ドルでレコーディングを担当したピクシーズがメジャーで売れると「レコード会社に鼻輪で引かれる牛」と表現した。スマッシング・パンプキンズもパール・ジャムもアルビニにかかれば商業的すぎた。

イギー・ポップが言った「ロウ・パワー」つまり生（なま）の力こそロックと信じるアルビニがいちばん憎んだのは、スティーリー・ダンだった。このソフィスティケートされたおしゃれなジャズロック・バンドをアルビニは「結婚式バンドのレパートリーを増やしただけ」とこきおろした。

しかし、アルビニにとってどんどん生きづらい世の中になっていった。デジタルの時代になり、音は軽く聴きやすくなっていった。ハードコアなロックは廃れ、パリピなEDMとクラブの時代になった。

## ☆　何もかも、何もかも　☆

2015年、EDMのミュージシャン、オスカー・パウエルがアルビニの過去の音源をサンプリングする許可を求めると、アルビニはOKしながらもクラブ・カルチャーへの憎しみを長々と書き連ねた。

「クラブも嫌いだし、そこに行く奴らも、そいつらがやってるドラッグも、そいつらが話すたわごとも、着てる服も、何もかもが嫌いだ。この地上にある何もかも嫌いだが」

パウエルは面白がって、アルビニのメールを街頭のビルボードに拡大して公開した。

アルビニにとってネット時代でよかったのは、巨大化しすぎたレコード産業が滅んだことだけだった。

2021年、アルビニはツイッターで謝罪した。レイプマンとかのヒドいバンド名でヒドい歌詞を歌っていた80年代を。

「俺はダメな白人男性だった」

それでも、アルビニはSNSで「地上にある何もかも」を呪い続けた。反イスラエル運動をナチと比べたFOXニュース（右翼テレビ局）の記者にこうツイートした。「モンキーレンチで自分の頭を殴れ。ただしハンマーが無い時に限る」

ラスベガスに超巨大な球形スクリーンのイベントスペース「スフィア」（チケットが超高価）がオープンすると、「ジョン・レナード・オアを呼べ」と。オアは1984年から91年にかけて2000件を超す放火を行った消防署長！

最近も、齢80歳で世界ツアーに出たローリング・ストーンズの新譜を「ケツの穴」と評した。「（そう書いたオレを）彼らは訴えるかな？」

できないよ。それは5月7日、アルビニ最期の言葉だったから。

# ポルノ女優口封じ金裁判でトランプの早漏バレちゃった！

2024年6月6日号

アメリカではもう何週間も、トランプ前大統領の「ポルノ女優口封じ金」裁判が続いている。毎日毎日、テレビのニュースはこればっかりでもううんざり。

2006年、人気ポルノ女優ストーミー・ダニエルズさん（当時27歳）が、不動産王ドナルド・トランプ（当時60歳）とセックスをした。その10年後の2016年、トランプは大統領選挙に立候補しており、彼の弁護士だったマイケル・コーエンがダニエルズさんに沈黙を保つよう命じて13万ドルを受け取らせた。そして、その支出について記録を改ざんした。それが選挙違反であるとして、ニューヨーク州の大陪審から起訴されたのだ。

5月の第2週には証人としてストーミー・ダニエルズさんが法廷に出て、トランプとの一夜の詳細を語った。

トランプはネバダ州の有名人ゴルフ・トーナメントに出場していた。そのホールのうちの一つをダニエルズさんが経営するポルノ映画会社がスポンサードしていた。2人は言葉を交わし、その夜、彼女はトランプが泊まるホテルの部屋に誘われた。

「テレビに出してもらえるかと思って」

ダニエルズさんは言う。当時、トランプはNBCの人気番組『アプレンティス（見習い）』の主役兼プロデューサーだった。さまざまな業界の人たちが、トランプが出すビジネス課題に取り組むコンテスト番組。ダニエルズさんは人生のステップとして、その番組にどうしても出たかった。

彼女はルイジアナの母子家庭に生まれ、電気が止められる日もあったほど貧しかったが、17歳でストリップダンサーを始め、そこから自己プロデュースを重ねて、ポルノ界の人気トップに駆け上がった。今度はポルノの外に出る時だ。

トランプの部屋に行くと、彼はサテンのパジャマを着ていた。

「奥さん、出産されたばかりですよね」とダニエルズさんが気をつかうと、トランプは「気にするなよ。うちはもう一緒に寝てないから」と肩をすくめ、「君はうちの娘のイヴァンカに似てるねえ」と口説いてきた。キモすぎ。

ダニエルズさんがトイレから帰ってくると、トランプはベッドで下着姿になっていた。

「手足から血の気が引いていくのを感じて、私はブラックアウトしました」

ブラックアウトは「気を失う」という意味だが、まあ、一瞬だろう。その後彼女は「ブラを付けたまま正常位でセックスしました」と証言しているので。トランプは避妊しなかった。

ダニエルズさんはトランプから『アプレンティス』の仕事をもらえなかった。トランプからその後も誘われたが断った。口止め料はいったん受け取ったが、後で突き返して、２０１８年、彼女はトランプとの関係を公表した。

トランプ側の弁護士はダニエルズさんに「あなたは仕事でセックスする人でしょう」みたいな失礼な質問ばかりしたが、彼女の証言の信用性を下げるため、心霊体験まで持ち出した。

「あなたは、自分の家には幽霊が出ると言ってましたね？　その証拠は？」

「いえ、それは間違いで、変な音は、床下に入り込んだオポッサムのせいでした」

……こんなアホらしい裁判が毎日、報道されているわけよ。こないだまで大統領だった人だよ。トランプは既に女性コラムニストをデパートの試着室で性的暴行した件で、民事裁判で負けている。こんな男が今年の選挙でまた大統領になるかもしれないのだ。

トランプの熱烈な支持者には圧倒的にキリスト教福音派が多い。彼らは、最高裁が中絶の権利を認めな

い判決を出したことでトランプを絶賛する。彼が保守的な判事3人を任命したおかげだから。次は同性婚が最高裁で禁じられるだろう。しかし、それほど性的に厳格なクリスチャンがなぜ、トランプみたいな男を支持するの？

## ☆ 「セックスの神」だって？ ☆

「保守クリスチャンは、トランプの性欲が強いほど、彼を本当の男だと賞賛するんです」

　政治メディア「ポリティコ」で、宗教社会学者のサミュエル・L・ペリー氏はそう解説した。彼は『欲望中毒／保守プロテスタントの生活の中のポルノ』という著書で、福音派キリスト教の性欲につ

いて論じている。

「旧約聖書には性欲の強い英雄が数多く登場します。たとえばユダヤのダビデ王」

ダビデは家臣の妻の水浴を見て、その体が欲しくて、彼女を寝取るために、家臣を最前線に送り出して死なせた。「ソロモン王には千人の側室がいたし、戦士サムソンは売春宿通いが癖でした。性欲は男らしさ、強さの証なのです」

ほんとかよ。いや、ほんとだった。実際そういう奴がいた。右翼テレビ局FOXニュースのトランピスト司会者グレッグ・ガットフェルドだ。

「トランプはセックスの神だよ！」

ガットフェルドはダニエルズさんの証言を聞いてそう叫んだ。

「だって彼女、ブラックアウトしたんだよ。トランプのセックスに脳をやられたんだ！」

いや、ブラックアウトはセックスする前だ。ちゃんと証言聞けよ！

ダニエルズさんによるとトランプとのセックスは「人生最悪の90秒間でした」とのこと。90秒？

これは英語で「ワム・バム・サンキュー・マム」という。Whamと入れたらすぐにBamと出ちゃって「ありがとさん」と終わってしまうセックスのこと。どこがセックスの神だってーの！

ちなみにこの裁判でトランプがもし負けても、初犯なので実刑になる可能性は少ないそうです。チャンチャン！

# ガザ攻撃に反対する学生たちへの弾圧でいちご白書ふたたび

2024年6月13日号

いつか君と行った映画がまた来る
授業を抜け出して二人で出かけた

1975年の大ヒット曲「『いちご白書』をもう一度」は、シンガーソングライターの荒井由実（現・松任谷由実）がフォーク・デュオ「バンバン」に作詞作曲したもので、1970年のアメリカ映画『いちご白書』について歌っている。『いちご白書』は同名のノンフィクションの映画化。著者は当時19歳の学生ジェームズ・サイモン・クネン。彼は1968年、ニューヨークのコロンビア大学の学生で、ベトナム戦争反対運動に参加した体験を「ぼく」（邦訳）の一人称で書いた。

「ベトナム戦争反対」と簡単に書いたが、具体的にはベトナム戦争を推し進めたアメリカ国防総省系のシンクタンクＩＤＡに大学が密かに研究協力していたことへの反対運動、つまり自分らが学費を払っている大学の運営に対する抗議だった。

『いちご白書』というタイトルは、コロンビア大学の学部長ハーバート・ディーンが学生新聞のインタビューで言った言葉からきている。ディーンは「学生や教員の意見で大学は動かない。私立大学経営は民主主義ではない」と語った。「学生が何かの問題に賛成か反対かは、私にとっては、彼らがいちごが好きかどうかと同じくらいどうでもいい」

クネンたち学生は講堂ハミルトン・ホールに集まり、ジョン・レノンとヨーコの「平和を我等に」を合唱し、平和的に抗議していたが、大学側が武装警察を導入して阿鼻叫喚の地獄と化した。

映画『いちご白書』は、主人公の学生が警官隊の警棒で滅多打ちにされるストップモーションにジョニ・ミッチェル作詞作曲の「サークル・ゲーム」が流れて終わる。

私たちは時のメリーゴーラウンドに囚われている
後戻りはできない　ただ振り返るだけ
ぐるぐるぐるぐる回るサークルゲームだよ

時はめぐるのか、繰り返すのか。それから半世紀後の今年4月30日、コロンビア大学の学生がハミルトン・ホールの周囲にキャンプしていたが、突入した警官隊に逮捕された。キャンプはコロンビアだけでなく全米の大学に広がっており、逮捕された学生は2000人に及んだ。

バイデン大統領もトランプも警察の導入を支持した。連邦議会は反イスラエル運動を反ユダヤ主義と議決した。このバカげた決議を主導したのは共和党議員だが、民主党員も少なからず賛成した。

学生たちのキャンプは、イスラエル軍によるパレスチナ人居住地ガザ地区への攻撃に対する抗議だ。学生たちの具体的な要求は、大学がイスラエルやイスラエルと取引している企業またはファンドへの投資を止めること。

アメリカの一流私立大学はビジネスとして莫大な投資をしている。そしてファンドの多くはユダヤ系でイスラエルと取引がある、もしくはシオニスト（イスラエル政府支援者）だ。トランプの娘婿のジャレッド・クシュナーもシオニストの投資家だし、そもそもガザを攻撃しているイスラエルのネタニヤフ首相が若い頃はボストンの投資会社で働いていたビジネスマンなのだ。

名門大学も金の力には逆らえない。ハーヴァード大学ではクローディン・ゲイ学長が辞任を求められた。「反イスラエルは反ユダヤ主義ではないか？」と質問されてイエスと答えなかったからだ。「ゲイ学長降ろし」を指揮したのは、ハーヴァードの大口寄付者でシオニストの投資家ビル・アックマン。アックマンは他のユダヤ系投資家へも寄付の停止を呼びかけた。そのうちの一人レン・ブラバトニック氏は今までハーヴァードに2億7000万ドル以上を寄付している。莫大な寄付を人質に取られたハーヴァードは教員700人の反対署名にもかかわらず、ゲイ学長を辞任させた。

## ☆声は聞こえますか？☆

それだけじゃない。ハーヴァードは反イスラエル運動に参加した学生13人の卒業を取り消した。やはり教員たちの反対を押し切って。

そんなか、ニューヨーク・マガジン誌は『いちご白書』の著者クネンにインタビューした。クネンは逮捕された後、コロンビア大学を卒業し、ルポライターとして激戦のベトナム戦争を現地取材。ニューヨーク大学法科大学院を出て公選弁護人となり庶民を救った。

今年76歳になるクネンは現在の大学生たちのパレスチナ支援運動を支持すると答えた。

「私がベトナム戦争に反対したのは、自分と同じ若者がジャングルで殺すか殺されるかの状況にあることに耐えられなかったからです。今の学生たちも、ガザで子どもたちが何千人も殺されていることに耐えられないから行動しているのです。学生たちの運動が正しいかどうか議論するよりも、ガザで子どもや赤ん坊たちが殺されている事実について議論してほしいです」

5月23日、ハーヴァード大学の卒業式があった。卒業生を代表して答辞に選ばれたシュルティ・クマールさんは壇上に立つと、真紅のガウンの袖から、予定と違う台本を取り出して読み始めた。

「私は、今日卒業できない13人の同級生たちに感謝の意を述べなければなりません」

ざわつく会場。

「言論の自由と市民的不服従の権利に対する大学側の不寛容に深く失望しています」クマールさんは大学の理事会役員たちを真っすぐに見つめて言った。「学生たちは声を上げました。教員たちは声を上げました。ハーヴァード大学は、私たちの声が聞こえますか？」

日本の人たちに彼らの声は聞こえますか？

# 極右の最高裁判事
# アリートの妻
# 星条旗を逆に
# 掲げて炎上

2024年6月20日号

日の丸の旗には上下はないが星条旗は上下逆さまに揚げてはいけない。あえて上下逆に揚げるとSOS（緊急事態発生、救援求む）の意味になる。

たとえば映画『告発のとき』（2007年）。イラク戦争から帰還した兵士が陸軍基地で行方不明になった実話を基に映画化。その兵士の父親（トミー・リー・ジョーンズ）が探し求めると、実は息子は戦友に殺されており、その部隊はイラクで捕虜への虐待に関与していてPTSDを負っていた。意味のない戦争で息子を失った父は国を憂えて、星条旗を逆さまに揚げる。

逆さ星条旗が今、アメリカで問題になっている。

2021年1月17日、ポトマック川を挟んで首都ワシントンD．C．の対岸の住宅地、バージニア州アレクサンドリアで、連邦最高裁の判事サミュエル・アリートの自宅の庭に逆さ星条旗が掲げられた。掲げたのはアリート判事の妻マーサ・アン。隣人への嫌がらせだった。

その11日前の1月6日、ワシントンD．C．にトランプ大統領（当時）が支持者を集め、これから連邦議会で行われる大統領選挙の結果承認手続きを阻止しろと演説、支持者たちは議会に乱入した。

これは法治国家を破壊する暴挙だ。憤慨したアリート判事の隣人はトランプを罵る看板を庭に置いた。するとアリートの妻マーサがそれを批判して口論になった。なぜ、憲法の番人であるべき最高裁判事の妻が憲法を踏みにじるトランプの側に立ったのか？

その答えは長くなる。まず、サミュエル・アリートは最高裁で最も右寄りの判事と言われている。女性、人種的マイノリティ、LGBTの権利に常に反対し続け、ついに一昨年は、人工中絶の権利を守る最高裁判決を破棄してしまった。

そんなアリートは初めてのアフリカ系大統領オバマを憎んだ。オバマが上院議員時代にアリートの判事承認に反対したのがきっかけらしいが、最初の一般教書演説でオバマが企業の政治献金を認めた最高裁判決を批判すると、アリートはマイクに拾われるほどの声で「違うよ」と毒づき、以降も同席を拒み続けた。アリートは憎しみを隠すことがヘタだった。最高裁判決の発表では、反対意見を述べる他の判事をにらみつける顔がテレビで放送された。

でも、明るく饒舌になることもある。保守系シンクタンクやキリスト教保守団体のイベントに積極的に参加して講演し、キリスト教保守であることを隠さず、その伝統的な価値観を守る決意を高らかに語った。当然、「政教分離を定めた憲法の守り手として不適切では?」と常に批判されてきた。

2016年11月の大統領選挙でトランプが勝利し、4年の任期中に3人の最高裁判事を任命した。判事9人のバランスは保守6人とリベラル3人となり、アリートは片っ端から彼の求める保守的な判決を実現した。

トランプ当選以前にも、2008年7月に、アリートがヘッジファンドの大物で億万長者のポール・シンガーの自家用ジェットで一緒にアラスカにサーモン釣りに行ったことが発覚した。シンガーは共和党支持者で、ドナルド・トランプを支援していた。連邦最高裁判事はもちろん特定の政治的、宗教的勢力からの利益を受けるべきではないが、司法の独立を守るため、最高裁判事を罷免することはできない!

ここで2021年1月、アリート判事の自宅の話に戻る。隣人のトランプ批判に怒ったアリートの妻は庭に星条旗を逆さに掲げた。議会を襲撃したトランプ支持者たちがそうしていたから。隣人は抗議したが、アリート家は星条旗を放置し、2週後に隣人はとうとう警察に通報、旗は片付けられた。

## ☆「妻が勝手にやったこと」☆

しかし、その後、アリートの別荘に別の旗「天に訴えよ(Appeal to Heaven)」も掲げられたことが判

明した。「天に訴えよ」はイギリスの思想家ジョン・ロックが1690年に著した言葉。圧政に苦しむ人民は神に訴える権利がある、つまり権力に立ち向かって正義を問う権利があるという、人民の抵抗権、革命権の肯定だ。アメリカでは独立革命の時、英国政府に反乱を起こした植民地軍がこの言葉を書いた旗を掲げた。それを、議会襲撃時のトランプ支持者が振りかざしていたのだ。

たかが旗のことがなぜ、今ごろ問題になったかというと、トランプが扇動した議会襲撃犯たちの裁判が最高裁まで進むと、アリートが裁定することになるから。妻の旗を放置したアリートも議会襲撃を当時から支持していたなら、彼にそれを裁く資格はない。

民主党議員はアリートともうひとり、やはりトランプ支持の億万長者の接待を受けていた保守ゴリゴリの判事クラレンス・トーマスに議会襲撃の裁判の担当から外れるよう求めた。トーマスの妻ジニーも熱烈なトランプ支持者で2020年の大統領選の結果をひっくり返そうと画策していた。

この要求をアリートは突っぱねてこう反論した。「私ではなく、妻が勝手にやったこと。妻はいろんな旗を掲げるのが好きなんだ。逆さの旗は片付けるよう言ったけど妻は従わなかった。自宅は妻と共同所有だから妻には旗を掲げる権利がある。『天に訴えよ』の旗のほうは私は知らない」

「妻が」とか「秘書が」とか、日本の政治家みたいな言い訳だが、トランプはもちろんアリートの返答に「この根性が必要だ！」と大喜び。

と思ったら、トランプが自分とセックスしたポルノ女優を金で口止めし、不正に会計処理した件の裁判で有罪判決が出た。控訴して最高裁まで持っていってアリートたちに無罪にしてもらうのかな？

# 庶民の味方を演じるトランプの黒幕はIT長者グループ「ペイパル・マフィア」

2024年6月27日号

「有罪」「有罪」「有罪」……。

5月30日、ドナルド・トランプのポルノ女優口止め事件の評決が下された。法廷では起訴された34の罪状すべてに有罪評決が言い渡された。大統領経験者が刑事事件で有罪になるのは史上初。

トランプは、2016年の大統領選挙出馬の際、過去に関係したポルノ女優の口止め料について事業記録に虚偽の内容を記載した。支払いを実行したトランプの弁護士マイケル・コーエン自身が証言した。

今回の事業記録の偽造は隠蔽目的であることから「重罪」。最長4年の刑期が科せられる。量刑はトランプが大統領候補として指名される7月の共和党大会の直前に宣告される。

この裁判で「No one is above the law（誰もが法の下にある）」という法治国家の原則が証明された。自民党議員の裏金が明らかになっても起訴されない日本とは違うね。

「本当の評決は11月5日だ」

評決後、トランプは言った。つまり大統領選挙で国民が裁きを下すと。

評決直後のYouGovの世論調査ではトランプ支持率は42％。評決前と変わっていない。

「トランプ氏の訴追は、法律ではなく、悪意ある政治的目的で推進されたのです！」

6月3日、テネシー州のジョン・ローズ下院議員（59歳）は連邦議会で、トランプへの評決に抗議する演説をした。

「トランプ氏には免責特権があるべきです！」

ローズ議員はゴリゴリのトランピスト。2020年の選挙には不正があったと主張し、2021年1月の議事堂襲撃でトランプ支持者から議会を守った警察官への名誉勲章授与にも反対、襲撃事件の調査委員会設立にも反対した。そんなローズの必死のトランプ擁護は、なぜか笑いで迎えられた。

ローズ議員の後ろで小さな男の子が「べー」とベロを出したり白目をむいたり、ずっと「変顔」で遊んでたから。

それはローズ議員の息子ガイ君（6歳）。取材を受けたガイ君は「パパが何言ってるのかわかんなくて

退屈だった」と答えた。自分の父親が浮気相手を金で黙らせたジジイをかばってるとわかったら幻滅したと思うよ。

ローズのようなトランピストは有罪評決でかえって闘志を燃やしたようで、評決後24時間でトランプは5280万ドルもの寄付を集めた。

そして6月6日、トランプは資金集めのパーティで、筆者の住むカリフォルニア州ベイエリアにもやって来た。

チケットは最低5万ドル。ディナーつきだと1人30万ドル！　まさかトランプ、前みたいにマクドナルドじゃないだろうけど。

パーティは、サンフランシスコの高級住宅地パシフィック・ハイツにある「ビリオネアズ・ロウ（億万長者通り）」に建てた2000万ドルの豪邸で行われる。このイベントの主催者であるIT長者デヴィッド・サックス（52歳）の自宅だ。

デヴィッド・サックスはネット支払いサービスPayPal（ペイパル）創業時のCOO（最高執行責任者）だった。COOは会社のナンバー2。ナンバー1のCEOはピーター・ティール（56歳）だった。彼らは「ペイパル・マフィア」と呼ばれる、共和党の大口寄付者のIT長者グループのリーダーだ。

サックスとティールの出会いは名門スタンフォード大学。ティールは1987年、保守的オピニオン紙スタンフォード・レビューを創刊する。サックスはその編集長を引き継いだ。二人は紙面で大学のマイノリティや女性を保護する方針を批判し続けた。

1996年、20代のティールとサックスは共著『多様性の神話：キャンパスにおける多文化主義と政治的不寛容』を出版した。相変わらず差別的な内容で、特にデート・レイプを茶化した箇所が問題になった。「女性はセックスの翌日、あるいは何日も経ってから、自分が『レイプされた』ことに『気づく』かもしれない。二人とも酒に酔ってセックスしたのなら、なぜ女性の同意だけが必要とされるのか？　なぜいつも男性に責任が押し付けられるのか？」

## ☆ イーロン・マスクも… ☆

20年後、IT長者となったサックスはこの記述について謝罪したが、たぶん全然反省してないね。民事裁判で性的暴行の事実を認定され、情事を金で隠そうとしたトランプに莫大な寄付をしているくらいだから。

彼ら「ペイパル・マフィア」には、ペイパルの出資者でもあったイーロン・マスクも含まれる。マスクにツイッターを買収させたのはデヴィッド・サックスだった。2020年の大統領選挙の際、トランプはツイッターで「この選挙は不正だ」とデマを飛ばし、議事堂襲撃の際も扇動や支持をするようなツイートをしたことでアカウントを凍結されたが、ツイッターを買収したマスクはさっそくトランプの凍結を解除した。それもサックスの「指導」だったといわれる。

サックスはただの寄付者ではなく政治運動家だ。彼は2022年、サンフランシスコの地方検事チェサ・ブーディンに対するリコール運動を主導した。サンフランシスコでホームレスや犯罪が増えた原因をブーディンの責任としたのだ。実際は高層オフィスと高級コンドミニアムばかりの街にして貧困層が住めなくなったことが原因なのだが、サックスはネットを駆使してリコール運動を展開し、ブーディンを解任に追い込んだ。

ハーヴァード大学で黒人で女性のゲイ学長を辞職に追い込んだのも保守的寄付者によるボイコット運動だ。億万長者たちが金の力で政治や学問の場をもてあそんでいる。あ、トランプはそんな支配者気取りの金持ちどもの親分だったんだな。

# バイデンの「放蕩息子」悲惨なジャンキーぶりにトランプも沈黙

2024年7月4日号

ドナルド・トランプが関係を持ったポルノ女優に口止め料を払った件で元大統領として史上初の有罪評決を受けた翌々週、ジョー・バイデンの次男ハンター（54歳）が現職大統領の子として史上初の有罪評決を受けた。

ハンター・バイデンはバイデン大統領の「放蕩息子」と呼ばれてきた。肩書は投資家だが、中国の投資会社やウクライナの天然ガス会社の役員として汚職疑惑があり、脱税でも捜査されており、ドラッグと女性スキャンダルもあったので、共和党からいつも攻撃されてきた。

今回、ハンターは2018年に自分が麻薬中毒だった事実を隠して拳銃を購入した罪で有罪になった。

法廷では、ハンターの麻薬依存について、彼の最初の妻、元恋人、それに義姉（兄の未亡人）が証言した。元恋人はストリップ・ダンサーで、義姉はハンターと不倫関係にあった。

彼女たちが語るハンターとの生活はもう、メチャクチャだった。

最初の妻キャサリン・ビュールさんは1993年にハンターと結婚し、子をもうけた後の2001年、夫の飲酒量に「怖くなった」という。

依存症の理由は母が死んだトラウマだとハンターは言う。1972年、彼が2歳の時、3歳の兄と1歳の妹と共に母の運転する自動車が大型トレイラーと衝突。母と妹は死亡。兄ボーは全身骨折、ハンターは頭蓋骨を損傷した。

傷を克服した長男ボーは優等生で、連邦検察官に成長した。2001年に911テロが起こり、志願して州軍に入ってイラク戦争に従軍。帰還してデラウェア州の司法長官に選出されたが、2015年、脳腫瘍で亡くなった。46歳だった。彼の他にも多くの米兵が米軍基地でゴミ焼却の煙を吸ってガンを発病しており、後年には被害者への補償法が成立している。

ハンターも海軍の予備役に入ったが、尿検査でコカイン反応が出て除隊させられた。コカインにハマったのは、中国の投資会社の取締役として5年間で1100万ドルもの「あぶく銭」をつかんでしまったせいだという。さらに尊敬する兄の死はハンターの薬物依存を悪化させた。

当時の妻キャサリンさんは自宅でクラック・コカインを吸引するパイプを発見した。結婚してから24年の間にハンターは3回も依存症のリハビリ施設に入院し、5回浮気が発覚したがキャサリンさんは耐えた。しかし、ハンターの新しい浮気相手を知って、ついに離婚に踏み切った。相手が兄ボーの未亡人、つまり義姉のハリーさんだったから。

二人は慰め合っているうちに男女の関係になった。それだけじゃない。ハンターはハリーさんにクラックを吸わせて、彼女も依存症になった。ハリーさんは当時を振り返って、「人生の最も恥ずべき時だったと後悔しています」と証言した。

離婚されたハンターは、2017年、ストリップクラブに行き、ダンサーのゾーイ・ケスタンさんの「プライベート・ダンス（個室で客の膝の上で踊るサービス）」を買った。現在はランジェリー・デザイナーとして働くケスタンさんは法廷で「ハンターさんと会った時、自分は24歳で、彼の年齢の半分でした」と証言した。

## ☆ 有罪評決を受けた息子ハンターを… ☆

ハンターは彼女をホテルに誘ったが断られたので、携帯の番号を交換して別れた。1週間後、ケスタンさんは彼が前副大統領ジョー・バイデンの息子だと気づき、二人は再会して肉体関係になった。ハンターは彼女にもクラックを吸わせた。ケスタンさんは「彼は20分おきにクラックを吸っていました」と証言した。クラックの効き目は短いのだ。

２０１８年10月、二人の関係は終わり、ハンターは数週間行方不明になった。検察によると、この時、彼はコルト・コブラ38口径を購入した。麻薬依存の事実は申告しなかった。したら売ってもらえないので。

２０１８年10月23日、ハンターは義姉ハリーさんの家を訪れた。他に行く場所がなかったのだろう。

「彼は何日も風呂に入らず、車の中で寝ていたようでした」

ハリーさんはハンターの自動車の中でクラック・パイプと拳銃を見つけた。ハンターがそれで自殺するか、誰かを傷つけることを恐れたハリーさんは、近くのスーパーマーケットのゴミ箱に拳銃を捨てた。その姿は監視カメラに撮影された。

「公共のゴミ箱に拳銃を捨てるなんて無責任だ！」とハンターは怒鳴った。さすがにハリーさんも愛想を尽かして彼を家から追い出した。

以上の証言で、ハンターは麻薬中毒を隠して拳銃を買った事実が確認され、有罪になった。ただ初犯なのと拳銃を所持していた期間がわずか11日間なので実刑はないと思われる。

ハンターの有罪評決について、あれほどハンターを攻撃していた共和党は沈黙している。彼らは銃器購入の際の麻薬中毒チェックは銃器所持の権利侵害だと反対しているからだ。

トランプも黙っている。ハンターへの有罪評決は、「自分が口止め料で有罪になったのはバイデン政権が司法に介入したからだ」というトランプの主張を否定する事実だからだ。

バイデン大統領はハンターの裁判に一切介入せず、有罪評決も受けとめ、恩赦もしないとコメントした。評決後、デラウェア州を訪れ、有罪評決を受けた息子ハンターを抱きしめた。

新約聖書「ルカによる福音書」で、放蕩息子はこう言う。

「お父さん、私は天に対しても、あなたに対しても罪を犯しました。もう、あなたの息子と呼ばれる資格はありません」

そんな息子を父は抱きしめた。

# トランプにほめられたくて移民やゲイを攻撃する移民候補
# 十戒を押しつけるトランピスト知事

2024年7月11日号

6月19日、バイデン大統領に「国民の祝日」に制定されてから4回目のジューンティーンスがやって来た。南北戦争が終了した1865年、南部テキサス州まで奴隷解放の知らせが届いたことを記念する日で、全米各地で式典やお祭りが開かれた。

「今日、ジューンティーンスはアメリカでいちばんラチェットな祝日です！」

ミズーリ州の州務長官選挙に出馬したヴァレンチーナ・ゴメス候補（25歳・共和党）はSNSでそう発言した。ラチェットRatchetは黒人スラングで「下品」「あばずれ」の意味。

「黒人の被害者意識が私たちに押し付けられようとしています。彼らは奴隷制度への賠償を求めています。なんと恩知らずなことでしょう。黒人は史上最も偉大な国アメリカに生まれたことを祝福すべきです。アメリカが嫌いなら、GTFO！」

GTFOはGet the Fuck out（出ていきやがれ）の略。当然、批判を浴びたゴメスはこう反論した。

「私たちが走る道路も、私たちが住む建物を建設したのもストレート（異性愛者）の白人男性たちです」

これは完全に間違い。実際にアメリカの高速道路や高層ビルを建設したのは、南部から解放された黒人や先住民の労働者、それにヨーロッパから来たイタリア系やロシア系の新移民だった。

ゴメスがわざわざ「ストレート」と言ったのは、LGBTの権利に反対しているから。今年5月にはなぜか防弾チョッキを着てミズーリの都市セントルイスをジョギングする動画を配信した。

「アメリカでは何にでもなれます」

走りながら言うゴメスは自称「不動産業の億万長者」。だが、本当はペットフード会社の職員とも言われている。

「だから、弱虫やゲイにならないで」

ゴメスは人は根性がないとゲイになると本気で信じてるらしく、2月にはLGBTについての本を火炎放射器で燃やす動画も作っている。

もちろん移民にも反対だ。彼女自身は南米コロンビア生まれの移民だが。

ゴメスがこんなバカげた言動を繰り返すのには目的がある。

「トランプの推薦がほしいの！　彼は史上最高の大統領だわ！」

差別的でバカげた言動をすればするほど、トランピストの票が集まる。まあ、日本も似たようなものだが。

同じジューンティーンスに、かつて奴隷市場があったルイジアナ州では、旧約聖書の十戒を公立学校の教室に掲示することを義務付ける州法が成立した。

十戒掲示の義務付けは、何年も前からキリスト教保守派の政治家たちが提唱していたが、州法になったのは初めて。署名したジェフ・ランドリー知事は「訴えられるのが待ちきれない」と語っていた。

彼の望みどおり、全米自由人権協会などがルイジアナ州を「憲法違反」で訴えた。なぜなら合衆国憲法修正第1条「連邦議会は、国教を樹立する、若しくは信教上の自由な行為を禁止する法律を制定してはならない」に抵触するからだ。

もともとアメリカはイギリスの英国国教会（プロテスタント）に反対して弾圧された清教徒が移民してきた国だから、信教の自由と政教分離は国是。

ところが十戒は「私の他に神は無し」から始まる。思いっきり信教の自由の侵害じゃん！

この「私」はユダヤ教のヤーウェ、キリスト教のエホバ、イスラム教のアッラーのことだが、仏陀や天照大神じゃないからね。

ただ、憲法には「連邦議会は」とあるので、州法に適用されるかは連邦最高裁で争われるだろう。だが、現在、最高裁の判事9人中、6人が共和党任命のカトリック保守派。人工中絶の権利と同じような判決が出る可能性が高い。

## ☆日本の政治家そっくり！☆

人工中絶はかつて州ごとに違法だったり合法だったりしたが、1973年に連邦最高裁が憲法上保障された権利として、全米で合法化された。

だが、その判決は、2022年、保守派に多数支配された最高裁に否定され、人工中絶を認めるかは各州に委ねるとされた。それでルイジアナなど南部の保守的な州では人工中絶が再び禁じられた。保守的なカトリックであるランドリー州知事はこの十戒の押しつけでも最高裁で勝つつもりなのだ。十戒押しつけ派は「十戒には〝父母を敬え〟とか〝盗むなかれ〟とか普通の道徳が書いてある」と主張する。教育勅語の復活を望む日本の政治家そっくりだ。

でも十戒には守れない規則がある。「安息日を聖別せよ」だ。ユダヤ教徒はこれを厳守して、土曜日には一切の労働や家事をしない。自動車も運転しないし、エレベータのボタンすら押さない。でも、キリスト教徒はそんなもの守ってない。なぜなら、キリストを介して神と新規契約して、モーセの契約を更改したから。

旧約聖書の旧約とは「旧い契約」の略。本気でキリスト教の教えを信じるならキリスト自身の言葉を掲げたほうがいい。「汝の敵を愛せ」（「マタイによる福音書」5章44節）とか、「人にしてもらいたいことを、全部、他の人にもしなさい」（7章12節）とか。

しかも、このランドリー州知事、大のトランピストで、先日トランプが自分と関係したポルノ女優に口止め料を払った件でも「司法が政治に介入した」とトランプを擁護した。でも、そもそもトランプは十戒の「汝、姦淫するなかれ」に反してるだろ！

# テレビ討論でバイデン、ボロボロでもトランプはもっとヒドかったぞ

2024年7月18日号

民主党がパニックを起こしている。6月27日、CNNが主催する大統領選に向けた第1回テレビ討論が行われたが、今年82歳で史上最高齢の大統領になるジョー・バイデンの頼りなさが明確になった。

最初の質問はアメリカ人を苦しめる経済問題。バイデンは苦しそうに、しわがれた声を絞り出した。「トランプ政権末期の失業率は15%。でも、私は1万5000の新規雇用を創出したのです」

たった1万5000？

本当は1500万。功績を3ケタも減らしてる！

さらにバイデンは医療制度改善の成果を挙げた。「育児、高齢者介護、医療制

度の強化を継続し、ついにメディケア（高齢者の医療補助）を打ち負かしました」

打ち負かしちゃダメ！ 実際はすべての国民をメディケアに加入させたのだが、彼の言い間違いにトランプは大喜びで乗っかった。「その通り！ バイデンはメディケアを破壊した！」

次の質問は中絶問題。連邦最高裁が中絶の権利を保障した最高裁判決を覆し、南部各州は人工中絶を全面禁止。保守派はアメリカ全体での中絶禁止を目指している。大統領はどうすべきか？

この質問にトランプはストレートに答えず、「中絶の是非を各州に任せるのは国民誰もが望んでいたことだ」とウソをつき、さらにウソを重ねた。

「民主党が支配する州では妊娠8カ月目、9カ月目、あるいは出産後の赤ん坊を殺すことが認められている」

んなバカな！ でも、トランプの強く自信たっぷりの断定口調は、バイデンの弱々しい声に比べて、やたらと説得力があった。

3つ目の質問は移民問題。バイデンの亡命受け入れ緩和で、メキシコとの国境に中南米から640万人もの難民が殺到した。

「私は法律を変えました」バイデンは確かに6月に難民申請の受け入れ数を1日2500人に制限した。

「これで越境者は4割減りました。引き続き、国境警備隊と難民管理官を増員していきます」

しかし、高齢で滑舌が衰えたバイデンは難民管理官（asylum officers）をうまく発音できず、そこをトランプは意地悪く突いてきた。「最後のとこ、何を言ったのかわかんないね。彼も分かっていないんじゃない？」

そしていっきにまくしたてた。

「バイデンは、刑務所や精神科病院から出てきた連中、テロリストたちに国境を開いたんで、アメリカ人が殺されてる。私の政権時にテロリストは一人もアメリカ人を殺してない」

難民に刑務所や精神科病院から出てきた者がいるという報道はない。また、バイデン政権下で国外から入ったテロリストによるテロは起こってないが、トランプ政権下の2019年にはサウジアラビアから入国したアルカイダのシンパがフロリダの米軍基地で米兵3人を殺害した。バイデンが指摘するとトランプは「私が3人殺したって？　私が殺したのはアルカイダのテロリストだ！」

もう会話が成立してない。

「バイデン政権下で不法移民はニューヨークのホテルで暮らしてるのに、退役軍人は路上生活してる」トランプの言い方だと難民が接待されてるみたいだが、実際はテキサスの州知事が不法移民を厄介払いするためにバスでニューヨークに送りつけたので、市が彼らをホテルに収容しただけ。

軍人を引き合いに出したトランプにバイデンは憤慨。「トランプは戦没者を『負け犬とバカ』呼ばわりした。私の息子もイラクに従軍して、その後亡くなりましたが、負け犬でもバカでもない。バカなのは君で、負け犬も君だよ」

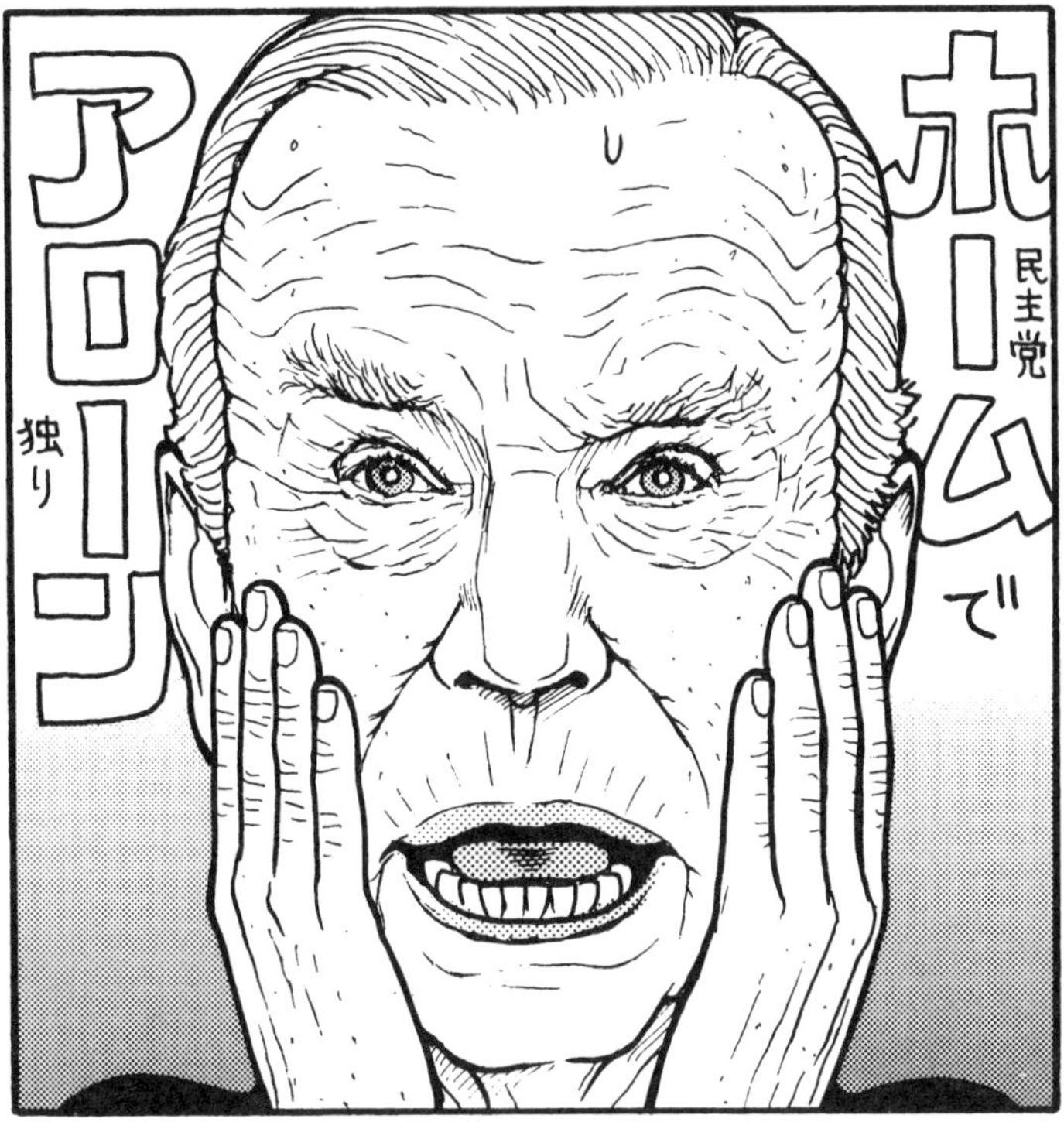


「私は『バカと負け犬』なんて言ってない！　あれは落ち目の三流雑誌のでっち上げだ！」

### ☆　堂々とした嘘つき　☆

トランプが「三流雑誌」と呼んだのは1857年創刊の名門誌「アトランティック」。記事によると2018年にトランプは、第1次世界大戦で戦死したアメリカ海兵隊1800人が眠るフランスの戦没者墓地について「（戦死したのは）バカと負け犬ばかりだから」と側近に漏らした。トランプの首席補佐官だったジョン・ケリー元海兵隊大将も証言している。

イスラエル・ハマス問題で、トランプ

は「イスラエルにハマスを殲滅させるべきだ」と本音をぶちまけた。「バイデンは嫌だろうな。パレスチナ人みたいになっちまったから。でも、彼らはバイデンが嫌いだ。彼は悪いパレスチナ人。弱虫だから」言ってることが支離滅裂。ここでCNNは決定的な質問をぶつけた。2020年の大統領選挙に負けたトランプは、彼の副大統領が選挙結果を認定するのを妨害するため、支援者に連邦議会を襲撃させた。さて、今年の選挙の結果がどうであれ、それを受け入れますか？

「選挙が公正に行われればね」

トランプは明確に「受け入れる」とは言わなかった。質問者が3回問い直したが答えを拒否。

「トランプは彼自身の副大統領を襲撃させました」バイデンは言った。「トランプの元閣僚44人のうち40人が彼の支持を拒否したのはなぜか考えてみてください」

討論会後のファクトチェックでトランプは30もの嘘を言ったことが確認された。しかし、そこまでチェックする人は少ない。CNNが行った視聴者アンケートでは6割がトランプを勝利者とした。たしかにバイデンは年齢のことを言われ、自分のゴルフのスコアを自慢して「子どもかよ」とトランプに突っ込まれたりもしたが、嘘は言わなかった。でも、人は、嘘やハッタリでも堂々としているほうを信じてしまう。日本でもそうでしょ？

討論会後、民主党はあわてて、トランプとやりあえるピンチヒッターを探し始めたという。大統領候補を指名する民主党大会まで2カ月を切ってるのに。

# 反マフィア法と反KKK法で起訴されたトランプを最高裁がなぜか免責 トランプは王か？

2024年7月25日号

7月1日、アメリカ連邦最高裁は、トランプ前大統領が求めていた「大統領在任中の公務に関わる行為の刑事訴追からの免責」を認める判決を下した。

トランプは選挙結果の転覆計画を含む4件の刑事犯罪で起訴されており、今回の判決でそれが無罪になる可能性が出てきた。

9人の最高裁判事のうち、免責に賛成した判事は6人。6人とも共和党の大統領に任命された（うち3人はトランプの任命）。

民主党の大統領に任命された判事3人は免責に反対した。ソニア・ソトマイヨール判事は反対意見で「今や、大統領は法を超越した存在、王になってしまいました」と書いた。

「政治的なライバルをネイビーSEALsに暗殺させても、免責。自分の権力を維持するために軍事クーターを組織しても免責。恩赦と引き換えに賄賂を受け取っても免責。免責、免責、みんな免責」

そもそも法治国家は「No one is above the law（誰もが法の下にある）」を原則とする。たとえ大統領でもだ。

「合衆国憲法のどこにも、前大統領を犯罪行為や反逆行為で処罰を受けることから守るといった記述はない。だから私は反対する」

いちおうジョン・ロバーツ最高裁長官は「大統領の免責は公務に関わる行為に限る」と言っている。つまり、この判決で、トランプが起訴されている4つの刑事犯罪について、それぞれの裁判官が公務に関わる行為かそうでないかを判断する事態になった。

どうなりそうか、見ていこう。

まず、不倫関係にあったポルノ女優に支払った口止め料を不正に処理した件。これは既に有罪評決が出ている。口止め料支払いは大統領に就任する前の選挙期間中の行為だし、会計の不正処理は就任後の行為だったとはいえ、いくらなんでも「公務」とは言えないから、有罪のままだろう。ただ、初犯なので収監される可能性は低い。

次に、最高機密文書を自宅に持ち帰り、大統領の任期を終えた後も返却しなかった件。これも「返却し

なかった」行為は大統領在任期間中ではなかったからアウト。でも、やはり収監される可能性は低い。

次に、選挙結果をひっくり返そうとした件。これは連邦大陪審とジョージア州の大陪審から起訴されている。

連邦のほうは、まず、投票日の直後、トランプと彼の弁護士ルドルフ・ジュリアーニが「投票の集計に不正がある」と事実無根の主張をして、アリゾナ州下院議長に電話をし、選挙結果を覆すよう圧力をかけたこと。

ジョージア州では、選挙を統括する州務長官にトランプが直接電話をして、トランプが選挙に勝つのに足りない票をなんとかデッチ上げろと恫喝した件が、恐喝にあたるとして起訴された。

この時に適用されたのは、ジョージア州で州を超えた組織的犯罪に対して立法された「反マフィア法」だった。

また次に、翌年1月6日、憲法で定められた連邦議会での選挙結果の認定手続きを妨害しようと支持者たちに襲撃させたこと。

そして、選挙結果を覆すことで、憲法で守られた有権者の投票権を侵害しようとしたこと。

これで適用された連邦法は、「反KKK法」だった。

南北戦争で南部が負けて、南部の黒人奴隷が解放されて選挙権を持った時、黒人議員が生まれるのを妨害するため、白人たちは秘密結社KKKを結成し、投票に行く黒人を拉致してリンチしたりして、投票を妨害した。そこで投票権を守るために立法されたのが反KKK法で、トランプはこれに反したとされた。

反マフィア法と反KKK法で起訴された大統領なんて！

☆「安全保障に対する脅威である」☆

で、どれも「公務」とは言い難い。議会に乱入したり、「票を寄越せ」と恐喝する公務なんてないでしょ。

検証すると、すべて公務とはいえないのだけれど、たとえ地方の裁判所がそう判断してトランプを有罪にしても、控訴されて最高裁まで上がれば、例の6人の共和党判事たちが「公務です！」と判断して無罪にしちゃうだろうなあ。目に浮かぶよ。

このトンチキな最高裁判決にあきれた英国ＢＢＣテレビの司会者デヴィッド・アーロノヴィッチはＳＮＳにこう書き込んだ。

「もしも私がバイデンだったら、『トランプはアメリカの安全保障に対する脅威である』という理由ですぐに彼を殺害させるだろう」

おお、これなら公務だ！

もちろんトランプ支持者は「暴力の扇動だ！」と激怒してアーロノヴィッチは炎上、投稿を削除してしまった。しかし、「暴力の扇動」？　どの口がそれ言う？

さて、当のバイデンは先月の討論会で高齢によるボケっぷりを露呈して民主党内からも「降りろ」コールを浴びながらも、出馬辞退を否定。「討論会では眠かったんだ。今後は夜8時以降の仕事は断るよ」とボケを重ねた。

大統領の公務は24時間営業だよ！

# ゼレンスキーをプーチンと間違えたバイデンにジョージ・クルーニーまでダメ出し!

2024年8月1日号

6月27日のバイデン大統領とトランプ前大統領のテレビ討論は、81歳という史上最高齢の大統領になったバイデンがしばしば口を開けたまま動かなくなったり、ゴルフのスコアを自慢するという「さんまのご長寿早押しクイズ」状態に終わった。

高齢のため、任期中に執務遂行できなくなった大統領は過去にもいる。第28代大統領ウッドロウ・ウィルソンは、2期目の1919年、重い脳卒中で倒れ(当時63歳)、その後、エディス夫人が密かに執務を代行した。今では、彼女は「実質的に史上初の女性大統領」と呼ばれている。

ロナルド・レーガン大統領も、実は就

任から3年目に認知症を発症していたが、それから5年間、家族やスタッフは症状を隠しとおした。

そんな風に隠すことはネット時代には不可能。討論会直後のニューヨーク・タイムズ紙の調査では回答者の7割がバイデンは大統領には高齢すぎると答え、トランプの支持率はバイデンを6ポイント上回った。

「アメリカのためにバイデンは出馬を断念すべき」6月28日、ニューヨーク・タイムズ紙の社説だ。

「嘘で固めたトランプを倒すのは誠実さだ。つまり、バイデンでは選挙を戦えないと認めることだ」

でも、民主党にその勇気がある者はいなかった。7月9日、ニューヨーク・タイムズ紙は、民主党内ではバイデン氏を降ろすために、彼が「公の場所でもっと大きな失態をしでかすことを願っている」という記事を出した。童謡「待ちぼうけ」みたいに、バイデンが転ぶのを待ってるの？

「私はバイデンが好きだけど、新しい大統領候補が必要だ」

そう書いたのはハリウッド俳優ジョージ・クルーニー。彼は7月10日付のニューヨーク・タイムズに寄稿した。ちなみにクルーニーはもともとテレビのニュースキャスター志望で、大学では放送ジャーナリズム専攻。

「私は民主党員として、先月はバイデン大統領の再選に向けて、資金調達イベントを主催しました。悲しいことに、そこで会ったバイデンは、2020年にトランプに勝ったジョー・バイデンではありませんでした。先日の討論会で私たちが目撃したとおりです。

これは年齢の問題です。残酷ですが、彼ではもう選挙で勝つことはできません。

投票日までわずか3カ月の今、候補者を変えるとなれば大混乱は避けられないでしょう。でも、その混乱は、バイデン対トランプという大統領選に関心を失っていた多くの有権者を目覚めさせるでしょう。ジョー・バイデンは英雄です。彼は4年前、トランプから民主主義を救いました。今回も同じことをしてほしいのです」

トランプはすぐに「ジョージ・クルーニーは政治に首を突っ込むな」と反応。「テレビに戻れ。映画はうまく行ってないがね」と余計な嫌味をつけた。バイデンのピンチヒッターが出てくれば、自分が不利になると知ってるからだろう。

翌7月11日はバイデンの正念場だった。ワシントンで開かれたNATO（北大西洋条約機構）の首脳会議の後の記者会見で、記者の質問にきっちり答えられるかどうか。それが大統領候補としての「最後のテスト」だと言われ、全米が注目した。でも、やらかした。

このNATO会議はウクライナに対する支援続行が最大のテーマ。トランプは大統領選で自分を支援してくれたプーチンと親しく、自分が再び大統領になったらウクライナへの支援を打ち切り、その東部をロシアに譲ることで戦争を終わらせると公言している。そうなればロシアについている中国や北朝鮮は勢いづいて、世界は危険になるだろう。

☆　**と、書いてたら…**　☆

首脳会議でバイデンはウクライナのゼレンスキー大統領を壇上に招いた。

「レディース・アンド・ジェントルマン、プーチン大統領です」

さすがに間違いに気づいたバイデンはすぐに「プーチンをやっつけることばかり考えてたので間違えた」と言い訳したが、宿敵の名で呼ばれたゼレンスキーの困った表情！

それから2時間後の記者会見。バイデンは出馬を断念するつもりはない、と強調したが、副大統領カマラ・ハリスの能力を疑う質問に反論する時にまた言い間違えた。

「彼女に能力があるから、私は副大統領に指名したんですよ。トランプを」

……ダメだ、こりゃ……。

記者会見後、民主党議員が次々とバイデンの出馬辞退を求めた。トランプは大喜びで「ジョーもがんばったじゃないか」とSNSで皮肉ったが、78歳の自分だって似たようなものだ。自分の閣僚だったニッキー・ヘイリー元国連大使をナンシー・ペロシ元下院議長と間違え、自分の副大統領候補ナンバーワンのJ・D・ヴァンス上院議員を紹介する時も名前が出なかった。「J・D……なんだっけ……J・D・マンデル！」誰や、それ！

半ボケの頑固ジジイたちが世界の運命を握っている。こうなったら憲法修正25条しかない。第4項には、副大統領と閣僚が、執務不能に陥った大統領から強制的に権力を取り上げられる規定がある。そんな事態になる前にカッコよく後進に道をゆずってほしい。

と、書いてたら、トランプが集会中に狙撃された。弾丸は耳を貫通し、1センチの差で無事だった。そして、星条旗を背にガッツポーズ。これでヒーローとなったトランプはいっきにバイデンより前に出た。しかし、いくら乱射事件が起こっても銃を規制せず、選挙を暴力で踏みにじろうとした男が、撃たれて英雄になるなんて！

# トランプ銃撃！間一髪で無事！これで選挙は圧勝か？

2024年8月8日号

7月13日、ペンシルヴェニア州の支持者集会に登壇したトランプが銃撃された。8発が発射され、1発はトランプの右耳をかすめた。流れ弾は聴衆3人に当たり、1人が死亡。犯人は150メートル離れた倉庫の屋根からAR15ライフルで狙撃した。シークレット・サービスがすぐに撃ち返して射殺した。

伏せていたトランプは護衛官に囲まれて立ち上がり、右耳から血を流しながら頭上をはためく星条旗をバックにガッツポーズした。それをAP通信のカメラマン、エヴァン・ヴッチが撮影した写真は「銃撃にもひるまない英雄」の姿として完璧だった。その写真を（勝手に）使ったTシャツがすぐに売り出された。その写真をプリントしたスニーカーも299ドルで発売された。トランプの会社から。

弾丸があと4分の1インチずれていたらトランプは死んでいた。

「神の御加護としか考えられない」

トランプはSNSにそう書いた。トランプ自身は人生で一度も信心深かったことはないが、トランプ支持者はキリスト教保守が多いので「彼は神に選ばれた救世主だ」と熱狂した。

共和党は銃撃を煽ったのはバイデン大統領だと一斉に非難した。彼は銃撃の5日前、「トランプを標的に据えるべきだ」と語ったからだ。

マイク・コリンズ下院議員（ジョージア州）は「バイデンが狙撃手に命じたのだ」とさえ言った。

マージョリー・テイラー・グリーン下院議員（ジョージア州）は「邪悪な民主党がトランプ大統領を暗殺しようとしました！」とXに投稿した。

「私たちは善と悪の戦いの中にいます！　民主党は小児性愛者の党であり、罪のない胎児を殺害し、暴力を振るい、血みどろで無意味な果てしない戦争をしているんです！」

でも、犯人のトーマス・マシュー・クルックス（20歳）は共和党員で、トランプ支持者だった。それがどうしてトランプを撃とうとしたのかわからないが、少なくともバイデンや民主党のせいではありえない。

そもそも、乱射事件がいくら起こっても決して銃を規制せずに野放しにしてきたのはトランプと共和党だし、大統領選挙に暴力を持ち込んだのもトランプだ。

トランプは2016年の出馬時から演説中にヤジが飛ぶと「そいつをブン殴れ！　弁護士費用は払ってやる！」と言って支持者をけしかけた。大統領になると、自分に反論したミシガン州知事グレッチェン・ホイットマーを「あの女」と呼んで敵認定し、支持者たちがホイットマー知事を拉致して殺そうとした（FBIに阻止された）。大統領選で再選を阻止されると、2021年に支持者を扇動して連邦議会を襲撃させ、攻防戦のなかで警備の警察官1人と襲撃者1人が死亡。その後、警察官4人がPTSDで自殺した。

にもかかわらず、銃撃の2日後にウィスコンシンで始まった共和党大会で、トランプ支持者はすっかり被害者気取りで、トランプにあやかって右耳にガーゼをつける者も多かった。

共和党大会は移民排斥をテーマにしていた。副大統領候補に指名されたJ・D・ヴァンスは、移民が増えてインド系の首相まで生まれたイギリスについて「イスラム教国家になるかも」と揶揄した。実はヴァンスの妻もヒンドゥー教徒のインド移民二世なんだけど。

テッド・クルーズ上院議員（テキサス州）も、「バイデンがメキシコとの国境を閉鎖しないから、中南米からの不法移民によってアメリカ人が毎日、殺され、レイプされている」と脅かしたが、クルーズ自身もキューバ移民二世だし、テキサス州では不法移民による殺人事件の有罪判決率はアメリカ生まれの市民よりも26％低い。それにレイプといえば、トランプは民事裁判で性的暴行をしたと認定されている。

## ☆大統領になったら「報復する」☆

でも、議会襲撃もレイプも、あの銃撃とガッツポーズで全部吹っ飛んでしまった。1992年の映画『ボブ★ロバーツ／陰謀が生んだ英雄』を思い出した。監督・主演のティム・ロビンス扮する上院議員候補ロバーツはスキャンダルがバレそうになると暗殺未遂をでっち上げて英雄になってしまう。

『ボブ★ロバーツ』には『スクール・オブ・ロック』のジャック・ブラックも出演している。彼はロック・シンガーでもあり、テネイシャスDというお笑いデュオを組んでいる。トランプが撃たれた翌日、オーストラリア・ツアー中だった彼はシドニーのステージでギタリストのカイル・ガスの64歳の誕生日を祝った。「プレゼントに何が欲しい？」とブラックに聞かれたガスはこう答えた。

「今度はトランプに命中して欲しい」

このジョークは大爆発炎上して、2人は謝罪、ツアーは中止。

トランプはこの勢いで選挙に勝つのか？　もし再び大統領になったらトランプは自分の敵に「報復する」と公言している。政府から敵対者を一掃して独裁体制を固めると。任期も延長するだろう。憲法違反？　最高裁も判事9人中6人がトランプ派だから大丈夫。何でも許されるアメリカの王になるかもしれない。

それは絶対に阻止しなくては。やっとバイデンが大統領選からの撤退を宣言した。カマラ・ハリス副大統領が立候補し、民主党は今から攻勢に転じることができるか？

でも、もし選挙で民主党が勝っても問題は解決しない。共和党大会でウェスト・バージニア州知事ジム・ジャスティスは「トランプが負けたら我々はunhingedになる」と演説した。unhingedとはhinge（蝶番）が壊れた状態、つまり何をするかわからないぞ、と。やっぱり暴力で脅してるじゃん！

# バイデン降板！代打のカマラ・ハリスを「猫おばさん」呼ばわりでJDヴァンス自爆！

2024年8月15・22日号

バイデンがついに降りた。再選はあきらめて、大統領の執務に専念し、次期大統領候補にカマラ・ハリス副大統領（59歳）を推薦すると言って。

これでDembargoが解除された。Democrats（民主党員）とEmbargo（輸出禁止令）の合成語で、ジョージ・クルーニーやアビゲイル・ディズニー（ウォルト・ディズニーの兄の孫）など民主党の大口寄付者たちは「バイデンが降りるまで民主党に寄付しない」と宣言してプレッシャーをかけていた。

水門が開いたようにカマラ・ハリス候補に寄付が流れ込み、バイデン降板から24時間で８１００万ドルの寄付が集まった。そして、さっそく共和党のカマラ・

ハリス叩きが始まった。

「カマラは100%、DEIで選ばれただけだ」

共和党の下院議員、ティム・バーチェット（テネシー州）やハリエット・ヘイグマン（ワイオミング州）は言った。DEIはDiversity, Equity, Inclusion（多様性、公平性、包括性）の略で、要するにカマラ・ハリスがジャマイカ系アフリカ人の父とインド系の母を持つ女性だから優遇されて今の地位にあるだけで実力はないと言っているのだ。

彼らはハリス副大統領が、カリフォルニア州の地方検事、司法長官として働いてきた実績を知らないのか？

「あなたがたは、白人男性以外にはみんなDEIって言うんでしょ？」と皮肉ったのはリサ・マーカウスキー上院議員（アラスカ州）。共和党でまともなのは彼女くらいだ。

共和党は今までカマラ・ハリスのことを「いつも怒ってる」「攻撃的だ」と批判してきた。ヒラリー・クリントンにもミシェル・オバマにもAOC（アレクサンドリア・オカシオ＝コルテス）にもそう言った。つまり女性が声を上げると「攻撃的だ」「怒ってる」と非難する。男には決して言わない。

トランプのほうがよほど攻撃的だ。彼は集会で「私は彼女を笑うカマラと呼ぶよ」と演説した。「彼女が笑うのを見たかい？　クレイジーだ。笑いにはその人の性格が出る。彼女は狂ってる。狂人だ」

怒ってもダメ、笑ってもダメ。能面でもかぶってろってのかね？　カマラ・ハリス批判は政策じゃなくて、出自や態度のことばかり。蓮舫さん叩きとまったく同じで、アメリカも日本もどうしようもない。

トランプの副大統領候補J・D・ヴァンスはカマラ・ハリスを「キャット・レディ（沢山の猫を飼っている一人暮らしの高齢女性）」と呼んだ。

ヴァンスは上院議員選に出馬した2021年、FOXニュースに出演して、民主党のカマラ・ハリス副大統領、ピート・ブティジェッジ運輸長官、AOC下院議員をキャット・レディ呼ばわりして、「民主党は子どものいない惨めな人々にコントロールされているから、国の将来に責任感がない」と非難した。

カマラ・ハリスに子どもはいる。2014年、ダグラス・エムホフと結婚した。エムホフの連れ子、長男コールは19歳、長女エラは15歳だった。カマラは継母として二人を育てた。また、ブティジェッジ長官はゲイだが、同性婚して子どももいる。

「私は、投票日までの105日間でトランプ氏を倒します！」

7月23日、カマラ・ハリスは選挙集会で演説を行った。場所はウィスコンシン州ミルウォーキー。2016年の大統領選でヒラリー・クリントンがウィスコンシンやミシガンなど、五大湖地方のラストベルトを軽視してトランプに敗北した失敗をハリスは繰り返さないということだ。

「私はカリフォルニア州の司法長官や法廷検事として働いてきました」ハリスは言った。「女性を凌辱する捕食者、消費者を騙す詐欺師、私利私欲のためにルールを破るペテン師など、あらゆる種類の犯罪者と戦ってきました。だからドナルド・トランプみたいな人間をよく知っています」

そう、この大統領選は性的暴行で賠償命令を受けた犯罪者トランプと元検事の対決なのだ。

## ☆「私は暴動」☆

「トランプの性的暴行疑惑は事実だと思いますよ」

J・D・ヴァンスもトランプに寝返る前はそう言っていた。「訴えた女性と、嘘の常習犯のトランプのどちらが信じられますか？」

ヴァンスの「キャット・レディ発言」は「猫好きにケンカ売ってんのか」と大炎上。トランプはイーロン・マスクに勧められてヴァンスを選んだというが、今は後悔してるかも。

そのマスクは共和党大会まで自分の所有するXでトランプ万歳投稿を繰り返しており、トランプは「イーロンが選挙資金4500万ドルを寄付してくれるそうだ」と自慢していたが、バイデン撤退の後、マスクは寄付をやめると言い出した。トランプが負けて水の泡になることを恐れたか。そもそもEV（電気自動車）のメーカー「テスラ」のCEOであるマスクにとってはEV化を推進する民主党政権のほうが有利。富裕層への減税を掲げるトランプとどっちに味方しようか難しいところらしい。

カマラ・ハリスの選挙のキャンペーン・ソングはビヨンセの「フリーダム」になった。ビヨンセも了解済。

「私は自分で鎖を断ち切る／私の自由を地獄で腐らせない／私は走り続ける／だって勝者は決してあきらめないから／私は暴動／あなたの境界を突き破る暴動／私を防弾と呼んで」

政権を取ったら全米で中絶を禁止にしかねない共和党から女性の権利を守ろうとするハリスの応援歌にふさわしい歌詞だ。

トランプは選挙ではローリング・ストーンズやヴィレッジ・ピープルの歌を使い続けている。ミュージシャン本人から再三「使うな」と言われているのにね。

# 「カマラは黒人じゃない」というトランプに「黒人があなたを信じると思いますか？」

2024年8月29日号

カマラ・ハリス副大統領が大統領選に出馬すると決まってから、ドナルド・トランプは支持者集会で「カマラは笑い方が変だ」「彼女はクレイジーだ」と陰口を叩きながら、討論会から逃げ続けており、ハリスから「面と向かって言いなさいよ」と突っ込まれている。

7月31日、トランプはシカゴの「全米黒人ジャーナリスト協会」の会合に参加し、黒人だからといってカマラには投票しないほうがいいぞ、と言い出した。

「だって、彼女は最近、突然、黒人になったからな。若い頃は自分はインド系だと言ってたのに」

カマラ・ハリスの母はインド出身、父はジャマイカ出身のアフリカ系で、カリフォルニア大学バークレー校に留学していた時に出会って結婚した。母は医学、父は経済学が専攻だった。カマラが5歳の時に父は家を出た（後にスタンフォード大学の教授になる）。母はカマラと妹マヤをシングルマザーとして育てた。

でも、トランプの言ったことはデタラメだ。筆者も、カマラ・ハリスが生まれ育ったイーストベイ（サンフランシスコの東対岸地区）に25年も暮らして子育てをしてきたから、そこがどんな場所か知っている。彼女が育った頃、そこはブラック・パワーの震源地だったのだ。

カマラ・ハリスは1964年にオークランドで生まれた。その2年後、オークランドで黒人自警団ブラックパンサーが結成され、カマラの家の周辺でも、黒人の子どもたちに食事を提供したり、勉強を教えたりしていた。ブラックパンサーのアフロヘアーは黒人解放のシンボルだった。それまで黒人たちは自分たちの縮れた髪を恥じ、ストレートパーマをかけたり、かつらで隠していたからだ。彼らのアフロを白人も真似た。日本人も真似た。石立鉄男、つのだ☆ひろ、笑福亭鶴瓶、松鶴家千とせ、子門真人……。

カマラの母シャマラさんはインド系だったが、当時のアメリカはまだインド系移民は少なく、異国の地で頼る者もない彼女は、オークランドの黒人教会に通い、黒人コミュニティに入り、娘たちをアフリカ系として育てた。カマラ・ハリスが小学校に上がる頃、一家はオークランドの隣町バークレーに引っ越した。うちから歩いて20分ほどの場所だ。その頃、バークレーではウォーレン・ワイドナーが黒人市長となり、6年後にはオークランドでも黒人が市長に選ばれた。当時のアフリカ系住民は希望と熱気に包まれていた。

しかもワイドナー市長の家はハリス家の向かいだった！

　1972年、ワイドナー市長は、ハリス家近くにあった黒人文化センター「レインボー・サイン」にニーナ・シモンを招いた。当時7歳のカマラ・ハリスはそのステージを観たという。

　ピアニストでシンガーのニーナ・シモンは、マーティン・ルーサー・キングと共に南部の人種隔離撤廃と選挙権を求めて運動した闘士でもある。キングが暗殺された1968年に彼女が作曲した「ヤング・ギフテッド・アンド・ブラック」は黒人の少年少女たちへの応援歌で、72年当時、アレサ・フランクリンのカバーが発売されたばかり。そのレコードを、カマラ・ハリスの母は買って、いつも娘たちに聴かせていた。

知ってる?
この世界には何百万もの少年少女がいる
彼らに言ってあげなくちゃ
あなたは若くて才能にあふれた黒人だよ、って
世界はあなたを待っている
あなたの冒険は今、始まったの

カマラは12歳の頃、カナダのモントリオールに引っ越した。母が乳がんの研究者として大学に職を得たからだ。カマラはそこで青春時代を送ったが、フランス語圏の雪国なので中学や高校には黒人はほとんどいなかった。しかし、彼女は進学先に黒人大学の名門、ハワード大を選んだ。黒人初の連邦最高裁判事、サーグッド・マーシャルの母校だったからだ。

「カマラは自分を黒人と思っていなかった」というトランプの与太は、いったいどこから出てきたの?

## ☆「そこで質問です」☆

その黒人ジャーナリスト協会の質疑応答で、ＡＢＣテレビのレイチェル・スコット記者はトランプにこう質問した。

「でも、あなたはアメリカ初の黒人大統領バラク・オバマはアメリカ生まれじゃないとデマを飛ばしましたよね？　有色人種の下院議員たちを『自分の国に帰れ』と罵倒しましたよね？」

トランプは、自分を批判するパレスチナ系のラシダ・タリーブ、ソマリア系のイルハン・オマール、プエルトリコ系のアレクサンドリア・オカシオ＝コルテス議員に対して「文句があるなら、自分の国に帰るべきだ」と言った。

「あなたはアフリカ系の地方検事を『アニマル（けだもの）』と呼び、アフリカ系のジャーナリストを『ルーザー（負け犬）』と呼び、フロリダの自宅のディナーに白人至上主義者を招待しましたね？」

どれも事実。それに、警官に何度も殴られながら黒人の権利のために戦ったジョン・ルイス下院議員についてトランプは「よく知らない」と言っただけでなく「私以上に黒人の権利のために戦ってきた人間はいない」と誰が聞いてもトンチキなホラを吹いた。

「そこで質問です」スコット記者は言った。「あなたはアフリカ系有権者は自分に投票すべきだと言いますが、あなたみたいな人を黒人が信じると思いますか？」

「こんなに失礼な質問をされたのは初めてだ！」

トランプはおかんむり。でも、あんたはそれ以上に失礼なことを言い散らかしてきたんだよ！

# 〝普通のおじさん〟ウォルズ副大統領候補「トランプは怖くない変なだけだ!」

2024年9月5日号

カマラ・ハリスの快進撃が止まらない。

ハリス副大統領が大統領選に出馬するとなってから、全米で彼女の支持率が伸び続けてトランプを追い抜き、現在は世論調査でも5ポイント前後リードしている。トランプは銃撃された直後に上昇した支持率をあっという間に失ってしまった。

ただ2016年の選挙でも全米レベルの支持率はヒラリー・クリントンがトランプをずっとリードしていた。だが、本選ではラストベルト（五大湖工業地帯）とサンベルト（南部）の接戦州をトランプに取られてまさかの敗北。

ところが今回、ハリスはラストベルト

のミシガン、ウィスコンシン、ペンシルヴェニアでも既にリード。サンベルトのジョージア、アリゾナ、ネバダ、ノース・カロライナでもぐんぐん差を縮め、勝利の可能性が日々高まっている。

カマラ・ハリスの勢いを加速させたのは8月6日に副大統領候補に指名されたミネソタ州知事のティム・ウォルズ。インド移民とジャマイカ移民（アフリカ系）の娘であるハリスは、保守的な白人有権者にアピールするためにウォルズを選んだと言われる。

ティム・ウォルズはアメリカのハートランド（心のふるさと）と呼ばれる中西部の農村部で生まれ育ち、州兵として働きながら大学に通い、高校の教師になってフットボール部のコーチとしてチームを優勝に導いた。ミネソタの下院議員から州知事になり、貧困層の子どもへの福祉を充実させ、マイノリティにも優しい政治で人気を集めた。

「近所でBBQ焼いてそうな普通のオジサン」と呼ばれるティム・ウォルズ、実際、自家製タコスのレシピ大会で優勝している。

ハートランド、軍人、フットボール、BBQ！

これぞアメリカ！　さらに彼が住むミネソタは北欧系移民が多く、ウォルズ自身もスウェーデン系の血を引く。

彼らは映画『ファーゴ』でも描かれたように、のんびりした独特の訛りで話し、その朴訥さは「ミネソタ・ナイス」と呼ばれる。ティム・ウォルズの垢ぬけないたたずまいはまさにミネソタ・ナイスそのもの!

　そんなウォルズが副大統領候補に指名された直後の集会でこう叫んだ。

「トランプはウィアードだ!」

　ウィアードWeirdとは「変」「気持ち悪い」という意味。マイケル・ジャクソンのヒット曲「今夜はビート・イット」のパロディ「今夜もイート・イット」を歌っていたアル・ヤンコビックの芸名が「ウィアード・アル・ヤンコビック」だった。

　これに対して、共和党は党を挙げて「人をウィアードと呼ぶな! ここは学校じゃない!」と反論した。というのも学校でオタクっぽい子どもをイジメる時に使われる言葉が「ウィアード」だからだ。

　トランプは78歳のイジメっ子で、人にあだ名をつけるのが得意だ。「オバマはアメリカ生まれじゃないから大統領の資格がない」というデマに基づいて「チーティン・オバマ」と呼んだ。チーティンCheatin'は「ズルい」の意味。ヒラリー・クリントンを「クルックド　Crooked（いかさま）・ヒラリー」と呼び、ジョー・バイデンを「スリーピー（眠たい）・ジョー」と呼んだ。

　カマラ・ハリスの特徴ある笑い方を揶揄して「クレイジー・カマラ」と呼び、彼女が黒人（ブラック）であることを揶揄して「カマブラ」と呼んだ。

　そんなイジメっ子トランプを、ティム・ウォルズはあえて「ウィアード」と呼んだ。ファシストとかレイピストとか呼ばれても動じなかったトランプだが今回はかなり傷ついたらしく「人をウィアードと呼ぶ

ほうがウィアードだ！」と大騒ぎ。子どもか！

☆ **トランプを「過大評価」？** ☆

ティム・ウォルズは「ウィアード」という子どもっぽい言葉を使った理由をCNNでこう語った。

「確かにトランプは女性の体を危険にさらし、投票権を終わらせる可能性があります」

トランプは次に大統領になったら全米規模での中絶禁止や、選挙制度の廃止を匂わせている。たとえば彼は支持者に対して「今回投票したら後はもう投票する必要はない」と語った。自分は終身大統領になるから、という意味らしい。

「でも、それでトランプを恐れるのは、彼の存在の過大評価だと思うんです」ティム・ウォルズは言う。

「だから、トランプのことは、ただウィアード（変）と呼びましょうよ。実際、変なんですから。選挙演説で『羊たちの沈黙』の人食いレクター博士は『素晴らしい男だ』と語ったり、突然サメの話をしたり」

トランプはラスベガスでの演説でバイデン大統領が推し進める自動車や船の電動化を批判しているうちにこんなことを言い出した。

「電動ボートは浸水したときに、バッテリーが水につかって感電する恐れがあるぞ。海に飛び込めばいいと言っても、すぐそこにサメがいる。感電するかサメか？　私は感電するほうを選ぶね！　だってサメが嫌いだから！　だから電動ボートはやめるべきだ！」

どうして「だから」なのか全然わからない！

まあ、自分も齢だから、自分で言ってることわからなくなること多いけど、いやもうほんと、9月10日のカマラ・ハリスとのテレビ討論が楽しみすぎる。

# 民主党大会はまるでパーティ嫉妬したトランプは電話で……

2024年9月12日号

カマラメンタム、といってもモメンタム、つまりカマラ+モメンタム、じゃなくて、カマラ・ハリス大統領候補の勢いがそう呼ばれている。出馬表明以来、支持率は伸び続け、接戦州の大半で既にトランプを超え、共和党の牙城テキサス州でもトランプに迫っている。

彼女を正式に大統領候補として指名する民主党全国大会が8月19日からシカゴで開かれた。「後戻りしない」「前進」をテーマにした、まったく新しい大会だった。

まず異例だったのはロール・コール。州ごとに候補者を読み上げる定例の手続きだが、DJが各州のご当地ソングを次々とかける。ミネソタならミネアポリスで生まれ育ったプリンスの「キッス」、カンザスならそのものズバリのプログレ・バンド、カンサスの「伝承」を。みんな歌ったり踊ったりノリノリ。7月の共和党全国大会の葬式のようなロール・コールとは正反対だ。そして接戦州ジョージア州の番では同州出身のラッパー、リル・ジョンがサプライズで登場、聴衆と「後戻りはしないぜ！」と合唱した。

次に画期的だったのは共和党関係者が毎日登壇したこと。トランプが2021年1月6日、信者たちに連邦議会を襲撃させた時、共和党の議員たちも一緒に殺されかけたが、その後トランプ弾劾に参加した共和党員たちは粛清され、党を追われた。そんな人々が招待されたのだ。

「共和党は北朝鮮のようにトランプ個人崇拝党になってしまった」

そう嘆いたアダム・キンジンガー元下院議員も共和党を追い出され、民主党大会で演説した一人。

「トランプは強がっている弱虫です。大物ぶった小物です。信心深さを装った無信仰の男です。被害者ぶった加害者です。彼の根本的な弱さは共和党を脆弱にしました」

キンジンガーが「弱さ」を強調したのは、それがトランプと共和党を最も傷つける言葉だから。実際、7月の党大会ではハルク・ホーガン（71歳）がTシャツを引き裂いてマッチョをアピールした。80年代かよ！

民主党大会の3つ目の新しさは200人のネット・インフルエンサー、それもZ世代の若者たちを招いたこと。

たとえば14万人のフォロワーを持つTikToker、デジャ・フォックス（24歳）は壇上でフィリピン移民のシングルマザーに育てられた経歴とZ世代にとっての希望を語り、TikTokで1000万人のフォロワーを持つウルグアイ出身のカルロス・エデュアルド・エスピナ（25歳）は移民を犯罪者扱いするトランプに反論し、「移民を支持することはアメリカを支持することです！」と訴えた。

共和党大会も40人のインフルエンサーを招いたが、彼らは保守的政治アカウントばかりだった。しかし、民主党は民主党支持者に限らず、ランダムに200人を招待した。たとえばジェレミー・ヤコボヴィッツは80万人のフォロワーを持つが、政治と無関係な食レポYouTuber。民主党としては、誰でもいいからとにかく拡散してくれる人が必要だったのだ。なぜなら、今のアメリカの若者はテレビは観ないし、そもそもテレビを持ってないし、新聞や雑誌も読まないから。

なかでも面白いのは、ウチの娘に教えてもらったTikTokerのグラント&アッシュ。20代前半のゲイ青年と赤毛女性のコンビ歌手で、ふざけたコミックソングで中高生に人気。民主党大会に呼ばれても終始ふざけっぱなし。たとえば2人は「FOXニュース・チャンネルの放送席からピンポンピンポン変な音がするよ！」と騒ぐ。FOXはトランプべったりの保守系テレビ局。「変な音」というのは、ゲイのマッチング・アプリ「Grindr（グラインダー）」の通知音。

これがどうして面白いかというと、7月の共和党大会の最中、グラインダーが大量のアクセスでクラッシュしたという話があるからだ。共和党はLGBTの権利に反対しながら実際は党大会がハッテン場と化していたわけ！

## ☆ 脅迫というか呪文というか… ☆

大会2日目、オバマ元大統領夫妻が登場。いつも温和なミシェルさんが「トランプが夫のことを『ケニア生まれだから大統領の資格がない』とデマで傷つけたことは忘れません」と怒りを吐露して、こう言った。「黒人の仕事を移民に与えるな！ と言ってるトランプが黒人の仕事を奪おうとしたのです」つまり、オバマとカマラの大統領の仕事を意味している。

最終日はカマラ・ハリスの指名受諾演説。

「トランプはUnserious（不真面目）な男ですが、彼が再び政権を取ることはSerious（深刻）な問題です」

ハリスはユーモアを交えながら、「生活必需品の値上げ禁止」などの中産階級のための経済政策を提示し、前進を強調した。何よりも彼女は終始笑顔を忘れず、その声は明るさと希望と自信に満ちて堂々としていた。

これと比べると、共和党大会のトランプの演説は暗かった。演説というより脅迫とか呪文のように「移民が人を殺してる」「国を乗っ取られるぞ」「民主党が政権を取ったら共産主義になるぞ」「第3次世界大戦が起こるぞ」と恐ろしげなデマをブツブツうなりながら客席を睨みつけた。

ニールセンの調査によればカマラ・ハリスの演説は全米で2890万人が視聴してトランプのそれを上回った。

さて、そのカマラ・ハリスの演説を中継していたFOXニュースの記者席にトランプが直接電話をかけてきた。何度キャスターに制止されても「カマラは何も成果を挙げてない！　私のほうが成果を挙げた！」などと支離滅裂なことをうわごとのように叫び続けた。さすが、「弱い小物」！

# ハリスの支持率上昇にパニクったトランプ算数もできなくなる

2024年9月19日号

11月のアメリカ大統領選の投票日まで2カ月。カマラ・ハリス副大統領の支持率は絶好調。このままならトランプに圧勝する。

この不利な状況にトランプは焦りに焦っており、「カマラ・ハリスがアフリカ系だとは知らなかった」を超えるデタラメな言動をエスカレートさせている。

8月27日、NBCテレビに出演したトランプは2020年の大統領選挙で「自分はカリフォルニア州で本当は勝っていた」と言い出した。

「今度の選挙で、もしイエス・キリストが投票集計係をしてくれたら、私はカリフォルニアで勝つだろう」

キリストが票を数えるの?

「つまり、投票集計係が本当に誠実だったらという意味だ。カリフォルニアには私の支援者が大勢いる。特にヒスパニックの人々から人気がある」

これにはまったく何の根拠もない。2020年の大統領選でカリフォルニア州でのバイデンの得票数1100万以上に対してトランプはわずか600万。その差500万票はイエス様だってどうしようもない。ましてやヒスパニックについては「レイピスト」「人殺し」と決めつけていたトランプをヒスパニックが支持するわけがない。トランプがヒスパニックから得た票数はバイデンの約半分だった。

デタラメはさらに加速する。8月29日、接戦州ミシガンのポッターヴィルの支援者集会で、トランプは「カマラ・ハリスはサンフランシスコを破壊した」と言った。

ハリスはサンフランシスコで2003年から2010年まで地方検事を務めた。その間、別に大きな問題は起こっていない。コロナ禍以降、サンフランシスコはホームレスと犯罪の増加が問題になってはいるが、その時期、ハリスは副大統領になっているのでまったく無関係だ。

だからトランプが何をもって「破壊した」と言ったのかまるでわからない。だが、トランプはそれを「私はひどい扱いを受けている」という話につなげた。どうつながるのか全然わからないが。

「リンカーンもひどい目にあった。トマス・ジェファーソンもだ。いちばんひどい扱いを受けたのはアンドリュー・ジャクソンだ」

この「ひどい扱い」の意味もわからない。リンカーンは暗殺されたが、ジェファーソンもジャクソンも老後は平穏だった。後世、批判された、という意味なら、確かにジェファーソンは自分が愛した黒人奴隷を内縁の妻にしていたし、ジャクソンは先住民のチェロキー族やセミノール族の土地を奪ってオクラホマの荒野に強制移住させたことでレイシスト認定されている。だが、リンカーンは黒人奴隷の解放者として尊敬されているから違う。トランプはいったい何が言いたいのか？

「なかでも私ほどひどい扱いを受けた大統領はいない。なにしろ撃たれたんだぞ」

リンカーンは射殺されたよ！

トランプは原稿もプロンプターも読まないことを自慢しているが、これはあまりにも支離滅裂。6月のバイデンとのテレビ討論会でトランプは「バイデンは何言ってるのかわからない」と笑ったが、自分も似たようなもんだ。

同じ日の夜、やはり接戦州ウィスコンシンのラクロスの集会でトランプは、物価高について話し始めたが、これもひどかった。

「この物価高でもうベーコンが食べられない人たちもいる。だからエネルギー価格を下げなければ」

ベーコンとエネルギー価格、関係あるの？　たしかにカリフォルニアでは豚肉の価格が上がったが、その原因は豚の飼育環境の改善が法制化されたからで、エネルギーは関係ない。

「価格が上がったのはロクでもないエネルギーのせいだ。風力さ。民主党政権は風力発電を増やしすぎた。風が吹かないと困ったことになる」

風が吹けば桶屋が儲かる、ならぬ、風が吹かないとベーコンの値段が上がる理論。落語かよ！

## ☆ 明らかにセクハラ… ☆

さらにトランプは黒人の雇用について話した。

「（バイデン＆ハリス政権下で）アフリカ系アメリカ人は職を失っている。聞いたことないかもしれないが、最新のデータがある。黒人のすべての仕事、107％くらいは不法移民に奪われているんだ！」

いやー、さすがに聞いたことないなあ。だって107％って「すべて」以上じゃん。その7％はどこから奪ってるの？

実際はアフリカ系の失業率はバイデン政権下で下がり続けている。

ひどい遊説をしながら、トランプはSNSでもっとひどいデタラメを投稿し続けた。8月28日、トランプは自分で運営するSNSトゥルース・ソーシャルで、こんな投稿を760万人のフォロワーに拡散した。若き日のカマラ・ハリスとヒラリー・クリントンが並んだ写真に「二人のキャリアはフェラチオで変わった」と書かれている。それはカマラ・ハリスがカリフォルニア州の地方検事補だった1995年頃に噂されたサンフランシスコ市長とのロマンス、それにビル・クリントンのモニカ・ルインスキーとのスキャンダルを揶揄している。この投稿は明らかにセクハラだ。トランプ自身は民事裁判で性的暴行犯と認定されているのに、よくやるよ。

翌日、トランプはスーパーマンの顔を自分と入れ替えたコラージュを拡散。もはや幼児退行を始めたのかな?

同じ頃、カマラ・ハリスはCNNのインタビューで「トランプはあなたがアフリカ系だとは知らなかった、と言っていますが、それについてご意見は?」と聞かれ、笑顔で「次の質問を」といなした。アホな言いがかりの相手をする必要はない。

あ、ちゃんとした質問にはちゃんと答えなきゃね、河野太郎さん。

# トランプに閣僚の座を約束されたイーロン デマと差別拡散で各国で窮地

2024年9月26日号

「カマラ・ハリスは大統領就任初日、共産主義の独裁者になると宣誓する！」

そんなXの投稿に添えられたのはハリス副大統領が鎌とハンマー、つまり旧ソ連のシンボルをつけた真っ赤な軍服を着た姿。もちろんAIに作らせたフェイク画像だ。ちなみにハリスは民主党内では右派として知られているから、こんなの見て信じるのはバカだけ。

普通のSNSなら運営がデマとして削除するような与太だが、これ、投稿したのが運営者自身、つまりイーロン・マスクだから困ってしまう。

イーロン・マスクは2022年にツイッターを440億ドルで買収して「X

（エックス）」と改名。最初にやったのは、差別的な投稿やデマをチェックするスタッフを中心に全社員の75％を解雇すること。それにトランプのアカウントの凍結を解除することだった。2020年の大統領選挙は不正だとデマをまき散らし、議事堂襲撃のような暴力行為を扇動しかねないと運営から凍結されていたのだ。

そして今年、7月にトランプが銃撃されると1億9000万人のフォロワーに向かって「私は全面的にトランプ大統領を支持する」と投稿した。「前大統領」ではなく「大統領」と呼ぶことで「今も本当の大統領は俺だ」というトランプのデマに加担する形になった。

トランプも喜んでイーロンと対談し、「君はストライキをした社員をクビにした？　素晴らしい」と絶賛。「そりゃ労働法違反だ！」と全米自動車労働組合が2人を告発した。

するとトランプは自分が大統領になったらイーロン・マスクを「政府効率化委員会」の委員長に任命すると宣言した。つまり連邦政府の人員削減をイーロンに任せると。そりゃ、いちばんヤバい人選だよ！

イーロンがここまで選挙に介入しているのは、世界各国のリベラルな政権が右派のデマを拡散するSNSを規制し始めたからだ。

ブラジルでは、2022年の大統領選で左派のルラ元大統領が右派ポピュリストの大統領ボルソナロを破って返り咲いた。ところが、「ブラジルのトランプ」ことボルソナロと彼の支持者はトランプのマネをして「不正選挙だ」とSNSでデマを飛ばし、その後も暴動を繰り返した。そこで今年4月、ブラジルの

最高裁はXにフェイクニュースやヘイトスピーチを投稿するアカウントの停止を求めた。しかしイーロンは裁判所命令を拒否し、法廷にも出なかったので、裁判所命令によりXそのものがブラジルで停止された。

イギリスでは、7月末に起こった少女惨殺事件の犯人をイスラム教徒の不法移民だとするデマがSNSで拡散され、全土で大暴動になった。7月初めの選挙で保守党政権を破った労働党政府は、すぐにデマを拡散したユーザーを次々に逮捕した。たとえばXで暴動を煽る投稿が170万回も閲覧されたウェイン・オロークは禁錮3年の実刑判決を受けた。差別的な投稿が増えたのはイーロンに責任がある。投稿が沢山閲覧されると報酬が得られるシステムにしたからだ。たとえばオロークは毎月、Xで約1400ポンド（約26万円）稼いでいた。

フランスでは、8月末、テレグラムというSNSのCEOパーヴェル・ドゥーロフが逮捕された。テレグラムはXみたいなものだが、まったく規制なしのやりたい放題なので、デマ、差別、児童ポルノ、ドラッグ売買、マネーロンダリングの温床になっていた。

ドゥーロフ逮捕についてイーロンは「言論の自由の侵害だ」と叫んでいるが、ヘイトスピーチやデマには言論の自由はないということがわかってない。なにしろ、イーロン自身が差別やデマを拡散しているから。

## ☆ イーロンの裏にロシアの影 ☆

たとえばイーロンは9月2日にXで「女性と男性ホルモンが足りない男は自由意志が弱いから政治家に向かない」という差別的な投稿を拡散。9月5日にはアメリカ先住民を攻撃する白人至上主義的な映像を拡散。

イーロンの「言論の自由」はご都合主義だ。だって彼は、今年2月、インドのモディ首相の要求で政権の農業政策を批判する数百のアカウントを停止したから。モディ首相はヒンドゥー教徒至上主義をとる右派ポピュリストでトランプと親しい。

ここまでXが偏向すると大企業はさすがにイメージダウンを恐れてXと距離を置こうとする。調査会社カンターのリサーチによれば26％の企業がXへの広告を削減する方向だという。Xの企業価値はイーロンの買収以来55％も下がった。

イーロンが恐れたようにアメリカ政府も動き出した。9月4日、アメリカ司法省は1000万ドルの資金をコンテンツ制作会社テネット・メディアに密かに供給していたとして、ロシア国営メディアの社員を起訴した。ロシア政府は選挙でトランプを勝たせるため、テネット社に右派インフルエンサーを雇わせて民主党批判の動画を作り、ネットに流していたという。起訴状によれば、その報酬は月40万ドル！　彼らは3人で合計6000万人以上のXのフォロワーを持ち、X上で頻繁にイーロン・マスクとやりとりしていた。

イーロンとロシアの関係も疑われている。2022年、ウクライナ軍がロシア艦隊に奇襲攻撃をかけた際、イーロンは自分が所有する衛星通信網スターリンクを遮断してウクライナ軍を妨害した。それについてロシアのプーチン大統領は「イーロン・マスクは賢い男だ」と絶賛している。

さあ、そろそろイーロンも年貢の納め時か？

# テレビ討論会でトランプがトンチキ発言「不法移民は猫を食べている！」

2024年10月3日号

とうとうこの日が来た。カマラ・ハリス副大統領とトランプ前大統領のテレビ討論会だ。

ＡＢＣテレビが主催するこの討論会をトランプはずっと拒んでいた。ヨボヨボのバイデンより20歳も若い元検事ハリスの追及に勝てる自信が無かったのだろう。でも、ついに観念してフィラデルフィアの米国憲法センターの会場に現れた。

最初の質問は「有権者が最も関心のある」経済についての具体的なプランは何か。

カマラ・ハリスは中間層救済案を開陳。ついでに「でも私の対立候補（トランプ）は日用品に20％課税するそうですよ」とトランプを挑発した。

トランプは乗せられて「違う。私がやるのは輸入品に対する関税で、輸出国に課するものだ」と反論。これは嘘。関税を支払うのは米国の輸入業者。それは値段に反映されて消費者が負担する。

興奮したトランプはなぜか「バイデン政権下で毎月不法移民が2100万人も来ている」と主張。これも嘘。そんなに来てたら1年ちょいでアメリカの人口超えてしまう。実際はバイデン政権下の4年間で730万人が不法入国すると試算されている。

次は人工中絶問題。トランプが判事を3人も任命したことで、最高裁は中絶を憲法で守られた権利とした1973年の最高裁判決を覆し、現在20以上の保守的な州が基本的に中絶全面禁止、あるいは妊娠6週目以降の中絶を禁止にした。

カマラ・ハリスは「トランプは就任したら連邦規模の中絶禁止法に署名するでしょう」と言った。これは間違い。それを言ったのはトランプの副大統領候補J・D・ヴァンス。だからトランプは「私はJDと話し合ってない。そんな法案には署名しない」と反論。ヴァンスと足並みがそろってない。トランプは「ハリスの副大統領候補ティム・ウォルズは、妊娠9カ月目の中絶もOKだと言ってる。生まれた後で〝処刑〟してもいいと言ってる」とも言い出した。もちろん嘘なので司会に粛々と訂正された。

次にトランプが話したがってる移民と国境警備について。彼はメキシコとの国境を越えて流入する移民はバイデンとハリスの失政だと主張しているが、ハリスは「先日、私たちは国境警備強化法案を提出しました」と先手を取った。「ところが共和党の反対で議会を通過しませんでした。トランプが議員に電話して法案を阻止したのです。自分が選挙に勝つために問題を残したかったから」

さらにハリスはまたトランプを挑発。「トランプの集会では、突然『羊たちの沈黙』のレクター博士の話をしたり、風力発電がガンの原因だと言ったり、支持者も呆れてゾロゾロ退出するんです」

トランプはまんまと乗せられる。「ハリスの集会には誰も来たがらない。金を払って聴衆を集めてる」さらにデタラメを列挙する。「アメリカは破綻している。第3次世界大戦になる。オハイオ州スプリングフィールドでは移民が猫を食べている。ペットを盗んで！」

司会は淡々と「我々ABCは現地を取材しましたが、そのような事実はありません」と訂正。「でもテレビで観た！」トランプは反論。「私の犬が食べられたと言ってた」と繰り返した。

そんなテレビは存在しない。「移民の猫食べ」デマはハイチ移民の増加に苛立つスプリングフィールドの住人が根も葉もない噂を投稿したフェイスブックが元だから。

## ☆　6710万人が視聴して…　☆

「世界中で犯罪が減り、アメリカでは移民による殺人が増えている。外国が犯罪者をアメリカに送り込んでいるからだ！」トランプが叫ぶ。司会は「FBIのデータによるとアメリカの暴力犯罪は減少しています」と訂正する。トランプは「FBIより私を信じろ」と聞く耳持たず。ハリスは「面白いですね。国家安全保障犯罪、経済犯罪、選挙介入で起訴され、性的暴行で有罪判決を受けた人が犯罪について話すの

は」と微笑んだ。

そして最も重大な質問。「トランプ前大統領、あなたは2021年1月6日、支持者に連邦議会を襲撃させ、警官が亡くなりました。後悔していますか？」

「私のせいじゃない。ちゃんと議会を警備してなかったペロシ下院議長とワシントン市長の責任だ」

よっ！　世界一の無責任男！

トランプは「ロシアとの戦争でウクライナに勝利してほしいですか？」と何度聞かれても絶対に答えない。代わりにハリスが「トランプはウクライナを見捨てるつもりですよ」と答えてみせた。実際、トランプはウクライナへの軍事支援打ち切りを主張している。するとトランプは

「ロシアがウクライナに攻め込んだのは、バイデンがアフガニスタンから撤退して弱さを見せたからだ」と言い出した。ハリスは淡々と「タリバンと直接交渉してアフガニスタンからの撤退に署名したのはトランプですよ」と指摘する。

ハリスはあらゆる質問に対して実によく予習していた。トランプは常に言うことが破綻していた。「カマラ・ハリスはイスラエルを憎んでいる」と言ったかと思うと（ハリスの夫はユダヤ系）、「彼女はアラブ人も憎んでいる。あのへん全部憎んでる」もう無茶苦茶。

「ハリスは国民の銃を没収するぞ！」トランプは脈絡なく叫ぶ。ハリスは「そんなことしません。私も銃の所有者ですから」トランプは言葉を失った。

この討論を観たのは6710万人。視聴者の6割がカマラ・ハリスの勝利だと答えた。討論中にトランプが言った嘘は33とカウントされた。

でも、トランプ信者は嘘だと思ってない。SNSではトランプが猫をつかんでハイチ移民から逃げるAI画像が拡散し、早くも翌朝にはアリゾナ州フェニックスに「猫を食べる量を減らして共和党に投票しよう」と書かれたビルボードが建てられた。減らすって……。

# 再び暗殺されそうになったトランプを支持するあまりにも怪しげな連中

2024年10月10日号

「スプリングフィールドでは不法移民が犬や猫を食べている！　住民のペットを！」ドナルド・トランプ前大統領は9月10日のテレビ討論会でそう口走り、たちまち「犬や猫を食べている」は流行語になった。

「食べてません！」オハイオ州スプリングフィールドの市長（共和党）は噂を否定。たしかに同市には現在2万人のハイチ移民・難民が住んでいるが、アメリカ政府の一時就労許可を得て工場で雇用されている。犬や猫を食べる理由はない。

だが、調査ではトランプ支持者の52％がこのデマを信じ、スプリングフィールドに押し寄せた。市の公共施設には爆破予告が続き、学校は閉鎖になった。

このデマの出所はトランプの副大統領候補のJ・D・ヴァンス。彼はスプリングフィールドから車で1時間ほどの町ミドルタウンの出身だが、調べもせずに噂を拡散した。

猫といえばヴァンスはカマラ・ハリスをキャット・レディと呼んだ。婚期を逃して猫と暮らす高齢女性を揶揄する言葉だ。

「私も子どものいないキャット・レディです」

討論会直後、テイラー・スウィフトはSNSにそう書いてカマラ・ハリス支持を表明した。

「テイラー、君の勝ちだ。君に子どもを産ませて、一生、猫の面倒もみてやるよ」

トランプを支持するイーロン・マスクが自分の経営するX（旧ツイッター）にそう書いた。「孕ませてやる」と。

「まったく下劣でインセルなたわ言です」

SNSにそう書いたのはイーロンの娘ヴィヴィアン（20歳）。インセルとは「望まない禁欲者」、つまり「童貞をこじらせた女性嫌悪者」のこと。イーロンは11人も子どもがいる億万長者だが、今もモテない男のゲスなメンタルのままだ。

ヴィヴィアンはイーロンの最初の妻との間の息子で、18歳の時、性適合治療を受けて女性になった。「彼が自殺するというから許可したんだ」とイーロンはインタビューで言った。「おかげで息子を失った」

「父親ぶるな」ヴィヴィアンは反論した。「あんたは私を育てたこともないし、私が男らしくないと罵倒

したくせに」

さて、討論会の5日後の日曜、再びトランプが暗殺されそうに。自宅のあるフロリダ州ウエストパームビーチに自分が所有するゴルフ場でプレイしようとしていたところ、ライフルを持って茂みに潜んでいた男が見つかって逮捕された。

「私をファシスト呼ばわりする民主党とハリスのせいだ」

トランプはSNSで吠えた。いや、民主党は関係ない。今回の暗殺未遂犯も7月にトランプを撃った狙撃者も、共和党の元トランプ支持者だった。それにトランプのほうが何回もハリスやバイデンをファシスト呼ばわりしてきた。

トランプ暗殺未遂についてイーロンは「なぜバイデンやハリスを誰も暗殺しようとしないんだろう」とポスト。まるで「誰か暗殺しろ」とけしかけるようで、さすがに直後に削除した。

そんなこんなで討論会では視聴者の6割がカマラ・ハリスの勝利と判定し、各社の世論調査でも支持率はトランプを上回った。

ところが、選挙アナリストのネイト・シルバーだけは「トランプ圧勝」と予測した。シルバーは2008年の大統領選でオバマの勝利を予測して若手の気鋭選挙アナリストというか、選挙オタクとして注目された男だ。

しかし実はネイト・シルバーの「予想」は全然あてにならない。なぜなら彼は今年、ポリマーケットPolymarketというオンライン賭博サイトに雇われたからだ。ポリマーケットでは、大統領選挙でどっちが勝つか？　だけでなく、法案の州民投票や最高裁の判決まであらゆる政治的問題に金を賭けられる（もちろん米国では違法なのでオフショア）。ネイト・シルバーはここでオッズメーカーをしているのだ。

## ☆　いつも背後には…　☆

で、このポリマーケットが怪しい。実は4年前の立ち上げの際に出資したのが、あのIT長者ピーター・ティールだから。ドイツ生まれのティールはアメリカの大学を出てすぐにオンライン支払いサービス「ペイパル」の創業社長として莫大な財を成した。

「民主党の人権思想や環境保護政策は科学の発達を遅らせる」と主張するティールは、共和党に政権を取らせるべく大口献金者になり、2016年にはトランプを推薦して共和党大会で演説した。そして、イーロン・マスクはペイパルの出資者で、ティールの弟分なのだ。

J・D・ヴァンスもだ。ティールは、イエール大の法学院に通っていたヴァンスに会って、1、2年ほど、自分が経営するベンチャーキャピタルに雇った。トランプに副大統領候補としてヴァンスを推薦したのもティールだった。

実はハルク・ホーガンもだ。プロレスのスーパースター、ハルク・ホーガンは息子の交通事故の賠償で破産したが、騙されてセックスビデオを撮影され、それがネットニュースGawker（ゴーカー）に掲載された。ハルクにそれを訴えさせたのがピーター・ティールだった。ゴーカーに自分がゲイであることを暴露されたティールは、復讐のためハルクに莫大な弁護士料を提供してゴーカーを訴えさせた。ハルクは勝って3100万ドルで和解した。だからハルクは今年の共和党大会でティールに呼ばれてトランプ支持を表明したのだ。

ティールに人を見る目はあるのかな。ヴァンスの失言はどう思っているのかな。

# 反ワクチンの陰謀論にはまったRFKジュニアの民主党への恨み

2024年10月17日号

第3の大統領候補だったロバート・ケネディ・ジュニア（70歳。以下、RFKジュニア）は、ジョン・F・ケネディ元大統領の甥で、1968年の大統領選に民主党から出馬する直前に暗殺されたロバート・ケネディの次男。

だが、民主党のロイヤル・ファミリーともいわれるケネディ一族からは縁を切られている。反ワクチンの陰謀論者だからだ。

RFKジュニアはもともと環境問題を専門とする弁護士で、はしかなどの混合ワクチンが子どもの自閉症の原因だとする裁判を担当。この説こそ科学的に否定されたが、RFKジュニアはワクチン反対派のリーダーとして政府と対立していった。

コロナ禍で政府がワクチン接種を義務付けると、それに反対する人々の陰謀論は、世界を裏から支配する国際陰謀ネットワークDS（ディープ・ステート）や、トランプが選挙で負けたのはそのDSの陰謀だとするQアノンなどの陰謀論とからんで、膨れ上がった。

「携帯電話の5G電波がコロナを感染させる」

そんなデマまで喧伝していたRFKジュニアを大統領にしたいと考える人は多くないが、それでも世論調査の支持率は5%ほどある。現在、トランプは支持率でカマラ・ハリスに負けているが、RFKジュニアの5%をつかめば逆転できる。

というわけで、トランプはRFKジュニアに閣僚の席を約束し、RFKジュニアは9月27日には接戦州ミシガンのトランプ集会に現れて、自分の支持者に「私ではなくトランプに投票してほしい」と呼びかけた。

「民主党は何千万ドルもの資金を使って私をクレイジーに見せようとしている」

その集会でRFKジュニアは民主党への恨みをそう語った。

いや、そんな大金を使う必要はない。RFKジュニアはほっといても勝手にクレイジーなことばかりしているからだ。

この1週間前、RFKジュニアとの不適切な関係を理由に、ニューヨーク・マガジン誌の政治記者だったオリヴィア・ヌッツィ（31歳）が解雇された。

そのきっかけは、ＲＦＫジュニアがオリヴィアから送られてきたセミヌード写真を友人に見せて自慢したことだという。妻帯者であるＲＦＫジュニアは「ヌッツィとは一度しか会ってない」と否定しているが、オリヴィア・ヌッツィは「肉体関係はないけれど、親密になってしまいました」と認めており、この件で婚約を解消されたと報じられている。

まあ、エロメールのやりとりくらい、クレイジーなことじゃない。でも、クジラの生首切断は？

ＲＦＫジュニアの味方であるはずの環境保護団体「生物多様性センター」が、ＲＦＫジュニアがクジラの頭部を切断した件について連邦政府に調査を求めた。

それは２０１２年に雑誌「タウン&カントリー」でＲＦＫジュニアの娘キックが語ったことで、ＲＦＫジュニアが家族を連れてマサチューセッツ州の海岸を訪れた際に、たまたま海岸に打ち上げられていたクジラの頭部をチェーンソーで切断し、それを自動車の屋根に縛り付けて、ニューヨーク州の自宅まで持ち帰ったというのだ。

ＲＦＫジュニアは動物の標本をコレクションしていたらしいが、クジラは保護動物なので死体といえど無断で自宅に持ち帰ることは連邦法で禁止されている。

娘は帰り道をこう回想する。

「高速道路でスピードを上げると屋根の上のクジラの頭から垂れてきた何かの汁が車内に入ってきて、地

獄でした」

げええええええええ。

それだけじゃない。RFKジュニアは熊の死体をセントラル・パークに放置した。

☆ **マジでわいていた！** ☆

2014年、マンハッタンのセントラル・パークで子熊が自転車とぶつかったらしき死体で発見され、「この大都会のど真ん中の公園にどうして熊が？」と地元のニュースになった。しかし、RFKジュニアが女優ロザンヌ・バーに語ったところによると、それはRFKジュニアのイタズラだったという。

ニューヨーク郊外のハドソン渓谷で自

動車にはねられて死んだ子熊の死骸を拾ったＲＦＫジュニアは、それをわざわざセントラル・パークまで運んだという。

今年8月、ＲＦＫジュニアがXに「その子熊を拾ったのは、毛皮をはいで、肉は食べようと思ったから」と投稿していたのをニューヨーカー誌が報じて、さらに顰蹙を買った。

思わずこう言いたくなる人も多いだろう。

ＲＦＫジュニアって頭に虫でもわいてんじゃないの？　と。

ところがなんと実際にわいていたのだ。

２０１２年、ＲＦＫジュニアは頭がぼうっとする、などの症状に悩まされて脳のＣＴスキャンを撮影した。それを見た医者が「脳が寄生虫に食い荒らされている」と診断したのだ。

これは豚条虫で、ちゃんと焼いてない豚肉を食べることで感染する。何しろ死んだ子熊を食べようとした人だから、どこから感染したのかわからない。

現在はＲＦＫジュニアの寄生虫は死んだそうで、今年5月にはXで「私はあと5匹の脳内寄生虫食べたって、大統領選でトランプやバイデン（当時）と討論しても負けない！」と息巻いていた。

だから食べちゃ駄目だって！

追記：ＲＦＫジュニアは第2次トランプ政権の厚生長官に指名された。

# 「バイデンもハリスも精神障害だろう」トランプの無根拠な誹謗中傷

2024年10月24日号

9月26日、アメリカ南部をハリケーン「ヘリーン」が襲い、すさまじい雨量で地滑りや洪水を起こし、200人以上の死者を出した。これは2005年に1800人以上の死者を出したハリケーン「カトリーナ」以来、最大の被害だ。

世界の台風の被害は近年、悪化する一方だ。原因はもちろん海面の温度の上昇、つまり地球温暖化。だが、CO2規制に反対する共和党は批判の矛先をそらそうと必死だ。ましてや大統領選の投票日まであと40日。ドナルド・トランプはこんな主張を始めた。

「ハリケーンの被害が大きかったのはFEMA（連邦緊急事態管理局）の予算

不足が原因だ。被害が大きい州は共和党支持者が多い。だからバイデン政権はＦＥＭＡの予算10億ドルをハイチからの不法移民の支援に回したのだ」

もちろんそんな事実はない。実はＦＥＭＡの予算を削ったのはトランプ自身だ。彼が大統領だった２０１９年、ＦＥＭＡの予算１億５０００万ドルを移民対策予算に移している。トランプは地球温暖化抑制を目標とするパリ協定からも離脱している。

温暖化は山火事も増加させている。近年、カリフォルニア州で大規模な山火事が広がったが、トランプはカリフォルニア州の州知事ギャビン・ニューサム（民主党）が自分に敵対的だからと「ＦＥＭＡにカリフォルニアをこれ以上支援しないよう」命じた。つまり自分が嫌がらせをしたから、バイデンもしていると決めつけたわけだ。

そのカリフォルニアの山火事について「ユダヤ系の世界資本が人工衛星からのレーザー光線で火をつけたんです」とトンデモない陰謀論を展開したのが、トランプ信者の共和党下院議員マージョリー・テイラー・グリーン。彼女は10月3日、ハリケーン「ヘリーン」について、またしても陰謀論をXに投稿した。

「彼ら（バイデン政府）は気候をコントロールできるんですよ。できないなんて信じるのはバカげてます」

政府はハリケーンを止められるのに止めなかったとでも言うの？　それこそバカげてる。コントロールすべきはあんたらのデマだよ！

でも、それが全然とまらない。９月29日の接戦州ペンシルヴェニアの集会では、トランプはついに相手

候補を精神病呼ばわりした。

「イカサマ野郎のジョー・バイデンは精神障害になってしまった。悲しいね。でもな、カマラ・ハリスは、正直言って、生まれつき精神障害に違いないな」

正直言って、こんな無根拠な誹謗中傷をする人物がまた大統領になるなんて恐ろしい。

同じ集会で、トランプは万引きを減らす方法を提案した。アメリカの大都市ではコロナ禍以降、万引きが増加。警察の人員不足のため、対応できなくなっているからだ。

「犯罪を減らすには、警察がひどい暴力をふるえる日を制定したらどうか」

つまり見せしめのため、1日だけ警察

に犯罪者を虐待させようというのだ。

「いや一日が長いなら、1時間でいい。すぐに終わらせる」

終わらせるって、1時間で大粛清でもするつもり？

さて、世界は危機に向かっている。10月1日にはイランがイスラエルに180発以上のミサイルを発射した。それはイスラエルがレバノンを猛爆撃して地下に潜むヒズボラ指導者を殺害したことなどへの報復だ。イスラエルがレバノンのイスラム原理主義組織ヒズボラを攻撃したのは、イスラエル領内のパレスチナ自治区ガザを支配する政党ハマスと同盟を結んでいるから。そしてイランはハマスとヒズボラ両方を支援している。つまり、今、イスラエルはレバノンとイランの両国を敵に回し、中東大戦争を起こさんとしている。

バイデン大統領は記者会見で「イスラエルに反撃の権利はある」と認めながら、イランの核開発施設への攻撃には反対した。これ以上のエスカレートは世界大戦にも発展しかねない。

## ☆ あれもこれも誰のせい…？ ☆

「クレイジーなことを言うな」トランプはFOXニュースの取材でバイデンを批判した。「まず排除すべきリスクは核施設だ」

実際、イランは近いうちに核兵器を完成させる可能性があると言われている。

しかし、そうなったのもトランプのせいだ。

2015年にオバマ大統領はイラン政府と「核合意」を結んだ。つまりイランに対する経済制裁を解除する代わりに核開発を監視し、その関連作業を少なくとも10~15年は制限するという計画だ。ところがトランプは大統領になるとこの合意から一方的に離脱してしまい、イランは核兵器開発を再開した。

いや、そもそものハマスによるイスラエル攻撃もトランプのせいだ。彼が大統領時代にテルアビブにあったアメリカ大使館をエルサレムに移したことで、イスラエルがイスラムの聖地を首都として支配することをアメリカが認めたことになり、パレスチナとイスラエルの軋轢が高まっていったのだ。

トランプは「プーチンがウクライナに攻め込んだのはバイデンがアフガンから撤退したのを見てアメリカは恐れるに足らずと思ったからだ」とも言っているが、アフガンからの撤退を決めたのはトランプだしね。

トランプはこの夏、2回も銃で殺されそうになったが、それだって自分のせいだ。2018年にフロリダの高校の乱射事件で17人が死に、全米の若者が大容量の弾倉の販売禁止などを求めて首都ワシントンで行進したが、トランプは何もしなかった。もし、ちゃんと規制してたら、ひと夏に2回も殺されそうになってないと思うよ!

# トランプの師匠の教えは「敗北を認めない」「間違いを謝罪しない」

2024年10月31日号

アメリカ大統領選投票日まで1カ月を切った10月11日、ドナルド・トランプ前大統領の伝記映画『アプレンティス：ドナルド・トランプの創り方』が全米公開された。トランプの弁護団は公開を阻止しようとしたが、止められなかった。

『アプレンティス』とは「弟子」のこと。トランプは大統領選に出馬する前、NBCテレビの『アプレンティス』という番組に出演していた。ビジネスマンたちが「道端でレモネードを売る」などの課題に挑戦し、最後まで勝ち抜いた者がトランプに「弟子」として雇われる、という番組だった。

映画『アプレンティス』は青二才だっ

たトランプがロイ・コーンという弁護士の弟子となった1973年から、不動産王に成り上がった1986年までを描いている。当時のビデオの画質を模した映像で、まるでドキュメンタリーのようだ。

最初、27歳のドナルド・トランプは父の下で働いている。父フレッドはニューヨークの下町ブルックリンで低所得者向けのアパートを建設、経営して財を成した。トランプはそのアパートの借主から家賃を徴収させられていた。そのアパートへの黒人の入居を拒否したことで父の会社が訴えられる。フレッドは差別的な人間だった。トランプは弁護士ロイ・コーンに弁護を依頼する。

彼はローゼンバーグ事件で悪名を馳せた。陸軍の研究所に勤務していたジュリアス・ローゼンバーグは1950年、ソ連に原爆の機密を渡したとして逮捕・起訴され、死刑判決を受けた。なぜか妻エセルもスパイ活動をしていたとして死刑判決を受けた。世界中が反対するなか、夫妻は電気椅子で処刑された。残された二人の幼い息子は成長したのち母は冤罪だったと主張し続けた。このローゼンバーグ夫妻への死刑を求刑した検事が当時まだ24歳のロイ・コーンだった。

この件でコーンは反共主義者のお気に入りとなり、ジョセフ・マッカーシー上院議員に弁護士として雇われて共産主義者の摘発、いわゆる「赤狩り」に参加する。この時コーンは、同性愛者として手柄を立てた。当時、ソ連はアメリカ政府職員の同性愛者を見つけて、脅迫することでスパイにしていた（とマッカーシーは主張する）。当時のアメリカで同性愛は許されなかった。コーンは同性愛者としてのネットワークを利用して政府内の同性愛者を摘発して追及した。

自分がゲイなのにゲイを弾圧した卑劣なロイ・コーンは若きトランプに「ロイ・コーンの戦法」を伝授する。

「戦法その1。攻撃（アタック）、攻撃、攻撃。けっして防御するな」

コーンは、トランプの父を人種差別で訴えた原告側を反訴した。裁判ではいくら批判されてもそれにいちいち反論せず、ただ否定して相手を攻撃する。

「戦法その2。何を言われてもすべて否定しろ」

それが事実かどうかは関係ない、とコーンは言う。この世に事実なんてない、事実は人の数だけある、だから自分に都合のいい事実をデッチ上げればいい、と。

「戦法その3。いくら負けても勝利を主張しろ。絶対に敗北を認めるな」

コーンは負け知らずだ。なぜなら負けを認めないからだ。たとえ負けても本当はこっちの勝ちだと言い続ければいい。

こうしてコーンはトランプの裁判を和解に持ち込み、コーンとトランプの師弟関係が始まった。

## ☆　レイプ、覚せい剤、頭皮手術…　☆

次にトランプはニューヨークのグランド・セントラル・ステーションの向かいに建つ廃墟となったホテルを買い取って、改修する計画を立てる。父から借りた資金で。当時、ニューヨーク市は犯罪の巣窟とな

BUCKY
バッキー再登場の『サンダーボルツ*』は'25年GW公開予定
TRUMP
『アプレンテ
ドナルド・ト
の創り方』
'25年1月1

り、その土地も荒廃して価格は安かった。さらに地域開発として公共性があるとされて固定資産税も免除。もちろん裏でコーンが動いたからだ。

　このホテル買い取りの後、トランプはコーンの教えを実行しながら「不動産王」となっていく。トランプ役はセバスチャン・スタン。マーヴェル映画でキャプテン・アメリカの相棒バッキーを演じたハンサムだ。スタン演じるトランプは27歳からの13年間で少しずつ、誰もが知ってるあのトランプに変貌していく。

　コーン役は、メディア王ルパート・マードックをモデルにしたドラマ『メディア王～華麗なる一族～』でメディア王の息子を演じたジェレミー・ストロン

グ。ここではコーンの冷血さの裏の孤独を見事に演じている。

監督のアリ・アッバシはイラン系デンマーク人。前作『聖地には蜘蛛が巣を張る』ではイランで娼婦16人を惨殺した連続殺人犯が女性嫌悪の男たちのカリスマに祭り上げられた実話を、おぞましいほど直接的に描いたが、この『アプレンティス』でも描写がキツい。トランプがレイプしたり、覚せい剤を服用したり、ハゲを隠すための頭皮手術までモロに見せる。

トランプの成功の陰で師匠コーンはエイズによる合併症で1986年に死亡する。汚い手口のために弁護士資格を剝奪されて無一文となり、手元に残ったのはトランプが贈ったダイヤモンドのカフスボタンだけだったという。実は人造ダイヤの安物だったが。ケチ!

トランプは政治家に転身してからもコーンの教えを守り続けている。政敵を徹底的に攻撃し、そのためにはウソも辞さない。間違いを指摘されても決して訂正しない。そして2020年の選挙で負けた時も敗北を認めず、支持者に議会を襲撃させ、警官を死に至らしめて、今も謝罪してない。

しかし、こういう映画を観ていつも思う。なんで日本では作られないのか。政治家のマネをするコメディアンすらいなくなった。つまんねえ国!

# 投票日が近づいてもインチキ言動の絨毯爆撃が止まらないトランプ

2024年11月7日号

公開中の映画『シビル・ウォー　アメリカ最後の日』では、アメリカが政府軍と反乱軍の二手に分かれて内戦に突入する。アメリカ大統領が軍隊で自国民を攻撃したのがきっかけだ。トランプもそうすると宣言した。

10月20日、保守系チャンネルのFOXニュースの朝の番組に出演したトランプは、「敵は外国よりもアメリカ国内の左翼だ」と、議会襲撃でトランプを弾劾した民主党のアダム・シフ下院議員を名指しした。その前週の13日にはこうも言っていた。「奴らは病気だ。必要なら州兵、本当に必要なら軍隊によって対処すべきだ」

自分が大統領になったら民主党を軍で

制圧するのか？　そんなふうにトランプは投票日まで残り3週間に突入してからも、全米を飛び回ってトンチキな言動の絨毯爆撃を続けていた。

14日、トランプは激戦州ペンシルヴェニア州オークスで集会を開いた。それは「タウンホール集会」で、候補者が有権者一人ずつの質問に答えていく形式。しかし会場は空調が悪く、しばらくすると聴衆のうち2人が気分が悪くなって倒れた。

「質疑応答はもうやめ！」トランプは叫んだ。「音楽だ！　音楽をかけろ！　誰が質疑応答なんか聞きたいんだ！」

スタッフはパヴァロッティの「アヴェ・マリア」をかけた。荘厳な歌声が会場に響き渡る。

「倒れた2人は愛国者だ。私たちは彼らを愛している。彼らのおかげでいい音楽が聴けるんだ、そうだろ？」トランプは聴衆に呼びかけた。

「だから『YMCA』をかけてくれ！　大音量で！」

そしてトランプはモタモタと踊り始めた。

『YMCA』はゲイを売りにした（本当は違った）ヴィレッジ・ピープルというグループがYMCAを「ハッテン場」として讃えた歌だが、LGBTの権利に反対し続けるトランプのお気に入り。その後も40分、シネイド・オコナーからガンズ&ローゼズまで次々とかかる曲に合わせて踊り続けるトランプがネットで全米に中継され続けた。誰得？

翌15日は、シカゴで経済系通信社「ブルームバーグ・ニュース」編集長によるテレビ・インタビューに出演。「巨大化しすぎたグーグルが独占禁止法違反で解体されるかもといわれていますが、どうお考えですか？」との質問に、トランプはため息をついてからゆっくりと答えた。

「司法省がバージニア州の何千もの不正投票者を有権者名簿に戻すのは受け入れられないね」

司法省は「バージニア州により有権者名簿から不当に外された住民を名簿に戻す」ための訴訟を起こしただけだが、トランプは勘違いしている。それにグーグル社の所在地はカリフォルニアで、バージニアとは何の関係もない。

「あの、前大統領、グーグルについてですが……」

トランプはあわてて答え直した。

「グーグルは私にとって非常に悪い存在だ。私について良いニュースが20あってもグーグルで出てくるのは悪いニュースばかりだ。中国にはこのような企業はあってほしくない。中国は賢い」

なぜか中国賛美。その後、トランプはFOXニュース主催のタウンホール集会に登場、反対勢力を軍で制圧するという自分の問題発言についてダメ押しした。

「彼らはマルクス主義者で共産主義者でファシストで病気だ。ナンシー・ペロシは危険だ。アル・カポネより邪悪だ」

民主党のナンシー・ペロシ下院議長（当時）はトランプ信者によって自宅を襲撃され、夫がハンマーで殴られて重傷を負ったのに。

その夜、トランプはジョージア州アトランタで集会を開いた。アフリカ系人口が多く、カマラ・ハリスの支持率が高いアトランタでトランプはこう演説した。「カマラに投票するアフリカ系やヒスパニックは、頭を診てもらったほうがいい！」

……ヒスパニック系の57％がハリス支持でトランプは39％。以前からトランプが中南米からの移民を「レイピストだ」「殺人者だ」と愚弄してきたからだ。とはいえ、全有権者の2割がヒスパニック。彼らの票は無視できない。

## ☆ 質問者も絶句…… ☆

翌日、トランプはフロリダ州マイアミに飛び、スペイン語のTVネットワーク「ユニヴィジョン」に出演した。全米6500万のヒスパニックにとって最大の情報源だ。

やはりタウンホール形式でスタジオに集まった一般の視聴者がトランプに質問する。

「あなたはテレビ討論会でオハイオ州で移民が犬や猫を食べていると言ったが本気ですか？」

それがデマなのは既に検証済だが、トランプは間違いを認めない。次の質問は切実。

「学校銃乱射事件の犠牲者の親たちに銃規制について説明してもらえますか？」

トランプが大統領だった2018年、マイアミ近くの高校の銃乱射事件で17人が亡くなった。全米から高校生が首都ワシントンに集まって銃規制を求める集会を行ったが、トランプはまったく規制しなかった。その姿勢は今でも変わってない。

「人々は安全のために銃を必要としている。娯楽やスポーツのためにも。銃がなければ犯罪率はもっと高くなる」

もちろん銃がない日本のほうが犯罪率は低い。

次の質問は「2021年1月6日についてどう思うか」。もちろん2020年の選挙で負けた後、トランプが支持者に議会を襲撃させた日のこと。

「彼らは平和的な愛国者だった。何も悪いことはしていない。あの日は愛の日だった」

愛の日⁉　警察官を死に至らしめた日が？　どんな愛だ！　これには質問者も絶句。

トランプが暴言をやめないのは、酷いことを言えば言うほど喜ぶ連中がいるからだ。投票日に向けてトランプの支持率は上昇している。

# 最後の最後まで分からない大統領選挙 世界はいったいどうなるのか？

2024年11月14日号

この原稿を書いている時点ではアメリカ大統領選は大接戦。イーロン・マスクが100万ドルをバラまく選挙違反的な作戦でトランプの支持率を伸ばしており、いつも冷静なオバマ元大統領もデトロイトの集会で珍しくキレ気味にトランプをDisりまくっていた。

「トランプは億万長者なのに何であんなに熱心に物販してるの？　金ピカのスニーカーにトランプのサイン入り聖書。しかも中国製！」

「学生の時マクドナルドでバイトしてたカマラ・ハリスに張り合ってトランプもマックで働いてみせた。閉店中の店で！　自分じゃパンクしたタイヤも交換したことないくせに！」

「もし君のおじいさんがトランプみたいだったら心配になるぞ。『うちのじっちゃんが壊れた！』って」

でも、今の自分には大統領選の結果はまだわからない。だから、どっちが勝つと何が起こるか、予想してみよう。

もしトランプが勝ってまた大統領になったら？

「報復だ！」

2月のCPACでトランプはそう演説した。自分の敵に復讐すると。具体的には自分を批判したテレビ局の放送免許の認可を取り消し、自分を刑事告訴したジャック・スミス特別検察官を起訴すると。それにバイデン大統領も。トランプの頭の中ではスミスに自分を起訴させたのはバイデンで、選挙の票を自分から盗んだのもバイデンなので（何の証拠もないが）。さらに「カマラ・ハリスも起訴する！」とも言っている（何の容疑か不明）。

でも、証拠なんてなくてもトランプが大統領になればそれができる。司法を支配下に置けばいい。

トランプの元閣僚たちがシンクタンク「ヘリテージ財団」で作成した「プロジェクト2025」には、司法省内の反トランプ勢力を粛清し、トランプに忠誠を尽くす者と入れ替える計画が書かれている。トランプは「プロジェクト2025なんて知らん」と言っているが、彼は前の任期でも自分に逆らう司法長官とFBI長官を解任してるから今度もやるだろう。長官の入れ替えには上院の承認が必要だが、「長官代理」にすれば承認はいらない。前の任期でもそうした。

起訴してしまえば、最高裁は判事9人中6人が共和党による指名の保守派で、うち3人がトランプに任命されたから、トランプの言いなり。

それは独裁だろって？　そのとおり。トランプはヒトラーになりたいの！

10月22日、トランプの首席補佐官を務めたジョン・ケリー元海兵隊大将がインタビューでトランプとの会話を暴露した。ケリーがあんまり自分の言うことを聞かないのでトランプはぼやいた。「なぜ君はドイツの将軍たちみたいに私に従順になれないのかね」

「それってまさかヒトラーの将軍たちのことじゃないですよね？」

ケリーが確かめるとトランプは答えた。

「ああ、ああ、ヒトラーの将軍たちだよ」

ケリーはしばらくして解任された。もちろんトランプは「そんな会話してない！」と否定しているが、ケリーは「トランプは何度もヒトラーや他の独裁者たちを賞賛した」と述べており、「意見が違ってもアメリカ国民を軍で制圧しちゃダメ！」「大統領よりも憲法が上ですよ！」といくら言っても理解しなかったという。

では、世界はどうなるか。同じくトランプの補佐官だったジョン・ボルトン（安全保障担当）は「トランプはNATO（北大西洋条約機構）を脱退する危険性がある」と警告している。実際、トランプは、NATO同盟国が拠出金負担の義務を果たさないと、ロシアに「やりたい放題させるぞ」と脅している。

ウクライナも風前の灯だ。トランプはアメリカのウクライナ支援に反対で、10月17日のインタビューでは「ゼレンスキーは戦争で儲けている。この戦争はあいつが始めた」と言った。違うよ！ あんたの大好きなプーチンが攻め込んだんだよ！

## ☆ さて、どっちが勝ちました？ ☆

では日本は？

トランプはNATOと同じく日本や台湾についても「守ってほしけりゃ金をもっと寄越せ」と繰り返している。トランプはそれがビジネスだと威張っているが、安全保障は商売じゃないよ。アメリカがロシアのウクライナ侵略を容認すれば、ロシアだけじゃなく、ロシアに莫大な支援をしている中国と、約1万人もの兵士を派遣した北朝鮮も調子づく。それこそ日本も「やりたい放題」されちゃうよ！

では、もしトランプが負けたら？

トランプは既に「自分が負けるのは選挙に不正がある場合だけ」と、前回同様、負けを絶対に認めない構え。討論会やインタビューで「選挙結果を平和的に受け入れますか？」と何度聞かれても「はい」とは言わない。トランプは必ずや、票の集計が終わる前に勝手に勝利宣言するだろう。

選挙結果は1月6日の上下院合同会議で認定される。議長は副大統領であり上院議長であるカマラ・ハリス自身。4年前はここにトランプ信者が突入したが、まだ大統領はバイデンだから、今度は軍や警察で万全の警備態勢を取るだろう。ただ問題は議会の内部だ。

選挙結果の認定は上下院が多数決で決める。今回の選挙で選ばれる新議員たちが。もし上下院の過半数を共和党が勝ち取れば認定を拒否するかもしれない。認定されなかった場合、ルール上は下院議員による投票で大統領を決める。そんな事態は選挙や民主主義の否定となるので、まさか起こらないだろうが、トランプは今までその「まさか」を現実にしてきたからね。

さて、どっちが勝ちました？

# 特別現地ルポ

# トランプで始まる「シビル・ウォー」

2024年11月21日号

ドナルド・トランプ前大統領はカマラ・ハリス副大統領がアメリカ史上初の女性大統領になるのを阻止した。ヒラリー・クリントンに続いて2度目だ。

さらにトランプはクリーブランド大統領に続いて2人目の、一度下野して返り咲いた大統領になった。史上初の刑事事件で起訴されたまま当選した大統領になった。民事裁判で性的暴行犯と認定されて再選された大統領になった。議会襲撃を扇動して警察官を死なせたのに再選された大統領になった。

そんな彼をアメリカはなぜ選んだのか？　そして彼はこれから何をするのか？

なぜ選んだのか？　といっても、トランプの勝利は最後まで誰も予想できなかった。何しろ投票日10日前に「これで当選の目はなくなった」とさえ言われたのだから。

10月27日、トランプがニューヨークにあるマジソン・スクエア・ガーデンで開いた支援集会。それは差別と憎悪の式典だった。「前説芸人」のトニー・ヒンチクリフがこう言った。「プエルトリコは海に浮かんだゴミだね」

ヒンチクリフは全米に600万人もいるプエルトリコ系の有権者を敵に回した。ネット政治番組の司会者タッカー・カールソンはハリスを「サモア系でマレーシア系」と呼んだ。彼女の父はアフリカにルーツを持つジャマイカ系で母はインド系だ。

カールソンはハリスを「IQが低い」とも言った。この「カマラはIQが低い」というのはトランプの口癖でもあるが、ハリスは名門ハワード大学出身の元検察官。

トランプの幼なじみというデービッド・レムという男性は、ハリスを「反キリスト」や「悪魔」と呼びながら十字架を振り回すエクソシストごっこをした。

X（旧ツイッター）を所有する世界一の大富豪イーロン・マスクも登場した。

## ☆マッチョ志向の男たちが集まって…☆

トランプが当選した際に要職を約束されているイーロンは、毎日抽選で一人に100万ドルの賞金を配って有権者を集めていた。トランプのためのCMも作ってTV放送しているが、それは「カマラ・ハリスはCワード」という内容で、Cワードとは共産主義者を意味しながら、さらに頭文字しか言えない言葉、女性器を指す。「嫌な女」を意味する、女性に対する最も下品で差別的な言葉だ。イーロンは壇上で「ウォー」と叫んで両腕で力こぶを作るポーズをした。その日の登壇者の一人、ハルク・ホーガンをマネたのだろう。

この集会の登壇者の8割は男性だった。マッチョ志向の男たちが集まって女性や少数民族の悪口を言うこのイベントはテレビで全米に生中継された。それは同じマジソン・スクエア・ガーデンで1939年に開かれたドイツ系アメリカ人の集会を思い出させた。ヒトラーとナチスを賞賛したことで悪名高いイベントのことだ。

そしてトランプは「アメリカは移民に侵略されている」といつものように恐怖を煽った。ハリスとのテレビ討論会で「不法移民が犬や猫を食べている」と主張した。差別的なデマだと指摘されたが、謝罪するどころかさらに過激化した。「移民がアメリカ人を殺している！」地獄の底から鳴り響くようなダミ声でうなった。「そんな移民は死刑にする」

このイベントに怒ったのはプエルトリコ系のハリウッド女優ジェニファー・ロペス。4日後にラスベガスで行われたハリスの集会で、「プエルトリコはゴミ」発言について「プエルトリコ系だけでなく、すべてのラテン系アメリカ人に対する侮辱です」と涙ながらに訴えた。

これでトランプは全米で6500万人のラテン系アメリカ人の支持を失った。

そう思われたのだが……。

今回の決戦場はペンシルヴェニアだった。アメリカの50州のうち、大都市がある東海岸と西海岸の州は常に民主党が強く、また中央部や南部は常に共和党が強いので、大統領選挙ではどちらに転ぶかわからない接戦州の奪い合いになる。なかでも最大の接戦州ペンシルヴェニアを制した者が選挙を制すると言われていた。

そこでトランプとハリス両候補は投票日前日の月曜日、ラストスパートでペンシルヴェニアを飛び回って遊説した。というわけで自分もペンシルヴェニアの空気を感じるために州2番目の大都市ピッツバーグに行ってみた。

紅葉の美しい森に囲まれた街ピッツバーグ周辺はかつて製鉄と石炭で栄えた。だが70年代頃から日本製の安い鉄鋼に押されて廃れ、いわゆるラストベルト（さびついた工業地帯）になった。ハリスの支援集会はそんな製鉄所のまさにさびついた工場跡地で開かれた。

ペンシルヴェニアを訪れた筆者

会場を埋め尽くした2万人は主に女性。それも20〜30代前後の女性が多かった。ゲストが２０１０年代のポップスター、ケイティ・ペリーだったから？　いや、初の女性大統領の誕生を求め、人工中絶の権利を守るためだ。

トランプが任期中に最高裁判事３人を任命し、９人中６人が保守派となった最高裁は「連邦政府は中絶の権利を守らない」と判決した。それで全米の共和党が強い州では中絶を違法とした。これでもしトランプが再選されれば連邦規模で中絶が禁止になるかもしれない。

とはいえ、集まった女性たちはみんな明るく元気で、ＤＪが次から次にかけるポップヒットにあわせて歌ったり踊ったり、政治集会というより「フェス」のようだった。

## ☆ 窓に板が打ち付けられたワシントン ☆

登場したハリスもずっと満面の笑みで「恐怖と分断を煽る混沌を終わらせ、次のページに進みましょう」と呼びかけた。

それはトランプのスローガン「アメリカをもう一度グレートに」に対するアンチテーゼだ。ハリスと2万の支持者たちは「もう後戻りはしない」と合唱した。それは1973年に勝ち取った中絶の権利が50年目に奪われたことへの怒りだ。

いっぽう、トランプの集会は収容人数1万5000人のアイスホッケー場で行われたが、客席には空席が混じった。トランプはいつものようにグチグチと不法移民の話をした。その愚痴は1時間も続き、同じことを何回も言った。やはり途中で退席する支持者も多かった。

ピッツバーグだけでなく、投票日が近付くにつれてトランプの集会はどこでも動員が落ちていた。どんよりと暗い演説が飽きられたのかもしれない。自分はトランプの集会を2016年から6回も取材してきたが、昔は演説がもっとエネルギッシュで、聴衆も熱気に満ちていた。

ハリスはその後、ペンシルヴェニア州最大の都市フィラデルフィアでレディー・ガガと共に選挙戦の最後を締めくくった。独立宣言が発せられた街にビヨンセが歌うハリスの応援ソング「フリーダム」が鳴り響き、にこやかに手を振るハリスの姿には勝者の風格があった。

トランプの最終演説は接戦州のひとつミシガンだった。彼は議会襲撃で自分を弾劾しようとしたナンシー・ペロシ下院議長への恨みごとをつぶやいた。「ナンシーは邪悪だ……狂ったビッチだ……」

これが大統領選を締めくくる言葉だろうか。

最後の世論調査が発表された。接戦州はどこもタイだが、共和党が強いはずのアイオワ州でハリス優勢との報道。もしアイオワを取り、ノース・カロライナを取れば、ペンシルヴェニアの結果を待たずにハリスの勝利が決まるかもしれなかった。

翌朝の投票日、自分はペンシルヴェニアから首都ワシントンDCに入った。そこにあるハリスの母校ハワード大学で開票速報のウォッチパーティがあるからだ。ハワード大出身者初の大統領が生まれる瞬間を見るため、開票前から学生たちが集まっていた。

もしトランプが負けた場合、支持者が暴動を起こす可能性があるということで、ワシントンのレストランやブティックの窓には割られないように板が打ち付けられていた。

日が落ちて、東海岸から開票が始まった。

アイオワはやはりトランプだった。ノース・カロライナも、ミシガンも、そしてペンシルヴェニアも。トランプは接戦州すべてを取る圧勝だった。世論調査から予想されたような接戦にもならなかった。ハリスが勝った州でも得票数はジョー・バイデンより少なかった。

ハワード大学で史上初の黒人女性の大統領の勝利宣言を見るために集まっていた学生たちは、肩を落として解散した。

世論調査は、2016年にも外れた。クリントン優勢とされたが、ふたを開けるとトランプに投票した者たちが多かった。世論調査に答えなかった、いわゆる「隠れトランプ」だ。今回もそれが起こったわけだ。

問題は2020年にバイデンに投票した人たちが今回、トランプに入れたこと。アンケートによると有権者の最大の関心事は「経済」だった。現在、失業率は低く、賃金も株価もゆるやかながら上昇しているが、インフレはそれ以上に有権者に不満を与えている。日曜日にスーパーで食料品を買えば軽く100ドルを超えるのだから。

## ☆何がトランプを圧勝させた？☆

「民主社会主義者」を自任するバーニー・サンダースはハリスの選挙キャンペーンについて、かなり初期の段階でインフレ対策の具体案を出すべきだとアドバイスしていた。しかし彼女にはそれができなかった。現在もバイデン政権の一員なのだから、もっといい政策があるならすぐにやればいいからだ。

トランプがどんなに差別的でも、もっと大事なのは自分の財布だと思った有権者が多かったのだ。

ラティーノのトランプへの票も伸びた。「プエルトリコはゴミ」と言われたのに。また、アフリカ系なのに同じアフリカ系のハリスではなくトランプに投票した人も増えた。

アメリカを分断するのは人種や民族ではなかった。貧富の差だった。ハリスに投票した人は中流以上の大卒が多く、トランプに投票した人は中流以下の非大卒が多かった。彼らはエリートで美しいレトリックで話すハリスを仲間と思えなかった。大富豪だが下品で、わかりやすい言葉使いで話すトランプのほうに親しみを感じたのだ。

そして、もうひとつの分断は男と女の間にあった。全体で女性の過半数はハリスに投票し、男性の過半数はトランプに投票した。ラティーノ男性の過半数、アフリカ系男性の2割もトランプに投票した。彼らは女性よりも性的暴行犯を選んだ。アメリカに女性大統領が生まれるのはいつのことだろう。

再び大統領になったトランプは何をするのか？

「アメリカ第一主義」のトランプが再選されて最も恐怖しているのはウクライナだ。トランプはウクライナへの支援を停止すると主張していて、さらにロシアに対する経済制裁も解除すると言っている。そうなるとロシアは難なくウクライナを占領するだろう。

また、ガザ問題についてトランプは「ネタニヤフに仕事を完遂させる」と言っており、それはつまりイスラエルにガザを完全に支配させるということだろう。

トランプはＮＡＴＯ（北大西洋条約機構）諸国に対して、相応の費用を負担しないなら「ロシアに好き放題させる」と語っており、パックスアメリカーナという安全保障体制がいっきに不安定化するだろう。

そうなれば日本も安全ではない。中国はロシアを経済的に支援しており、北朝鮮はロシアを助けて戦地に派兵しており、ロシア、北朝鮮は同盟を強化している。しかしトランプは、在日米軍の費用を日本がもっと負担しなければ撤退するとすら言っている。

アメリカ国内においては、まず、国内の不法移民１１００万人を逮捕して国外追放するという。実は彼らは「不法」というよりも難民申請中なだけで、常に政府に監視されながら就労許可を得ている。彼らの最低賃金労働はアメリカの農業を支えている。経済系通信社ブルームバーグの試算によれば、これらの移民がすべて消えると彼らの労働力が失われ、GDPで8%の損失となるという。

## ☆三権分立の上に立つ独裁者に？☆

経済政策においては、輸入品に10~20%以上の関税をかけると公約している。関税を負担するのは相手国ではなく輸入業者なので、関税は値段に反映され、さらにインフレを増長するだろう。

そして、トランプははっきり「報復」を誓っている。

トランプは34件の罪で有罪となり、その他にも恐喝などの刑事事件で起訴されているが、大統領になったら逆に彼を起訴した検察官などを起訴すると宣言している。また、2020年の選挙で負けたのは「民主党に票を盗まれたからだ」と主張し続けていて、その罪でバイデンも起訴すると言っている。

そんなバカなことを可能にするのが「プロジェクト2025」だ。これはトランプの元閣僚たちが作成したトランプ新政権の計画書で、それによると政府官僚のうち5万人の民主党支持者をトランプに忠誠を誓う者と入れ替える。司法省からも自分に敵対的な職員を追放する。既に最高裁判事は支配し、議会の上下院も共和党が支配した今、トランプは司法と立法と行政、三権分立の上に立つ、やりたい放題の独裁者になる。任期を延長するのなんて簡単だ。

何よりも恐ろしいのはトランプが「国内の敵を軍で制圧する」とも言っていることだ。先ごろ公開された映画『シビル・ウォー　アメリカ最後の日』は、大統領が任期を延長し、反対する国民を軍で攻撃したことがきっかけで内戦に突入していた。それはもう絵空事ではない。

【初出】
「言霊ＵＳＡ」
週刊文春　２０２３年8月31日号～２０２４年11月14日号
特別現地ルポ　トランプで始まる「シビル・ウォー」
（週刊文春　２０２４年11月21日号）

**町山智浩（まちやまともひろ）**

1962年東京生まれ。早稲田大学法学部卒業。編集者として雑誌『映画秘宝』を創刊した後に渡米。コラムニスト、映画評論家として多数の連載を持つ。TBSラジオ「こねくと」、BS朝日「町山智浩のアメリカの今を知るTV」にレギュラー出演。主な著書に『ゾンビ化するアメリカ 時代に逆行する最高裁、州法、そして大統領選』（文藝春秋）、『教科書に載ってないUSA語録』（文春文庫）、『さらば白人国家アメリカ』（講談社）、『〈映画の見方〉がわかる本 ブレードランナーの未来世紀』（新潮文庫）、『それでも映画は「格差」を描く』（集英社インターナショナル新書）など多数。

---

**独裁者《どくさいしゃ》トランプへの道《みち》**

二〇二五年一月十日　第一刷発行

著者　町山智浩《まちやまともひろ》

発行者　大松芳男

発行所　株式会社　文藝春秋

〒一〇二‐八〇〇八
東京都千代田区紀尾井町三‐二三
電話　〇三‐三二六五‐一二一一（代）

印刷・製本　TOPPANクロレ



ISBN978-4-16-391932-4